SNSが苦手な社長のための必勝営業術

社長通信で売り上げアップ（株）
代表取締役
蒲池崇

あさ出版

はじめに

「えっ！　まだ飛び込み営業をしてるんですか？　今はＳＮＳで開拓するのが主流ですよ」

「電話営業なんて時代遅れです。メールで済ませちゃえばいいじゃないですか」

「対面で商談する必要はないですよ。オンライン会議で十分です」

「顧客とのコミュニケーションには、チャットツールを使えばいいじゃないですか」

「セミナーもイベントも、リアルじゃなくてオンラインでやった方が楽ですよ」


わかる。わかるよ。言いたいことは。

だけど、だけどだ。

本当にそれでいいのか？

ＳＮＳが有効なのはわかる。だけど、飛び込み営業でこそ生まれる出会いがあるんじゃないのか？　偶然出会った人と話して、信頼関係を築いていく。それが営業の醍醐味じゃないのか？

メールは手軽だけど、電話で直接話した方が相手の反応がわかりやすいし、臨機応変に対応できるんじゃないのか？　声のトーンや話し方からも、相手の気持ちを読み取ることができるんじゃないのか？

オンライン会議も確かに便利だし、それを活用していない会社はないだろう。だけど、対面で話した方が信頼関係を築きやすいんじゃないのか？　相手の表情や声のトーン、仕草などから、言葉では伝わらない情報を読み取ることができるのだから。

チャットツールが便利なのもわかる。だけど、重要な話は直接話した方がいいんじゃないのか？　誤解を招くことも少ないし、より深いコミュニケーションを取ることができる。

セミナーもイベントも、オンラインが楽なのはわかる。遠方の方でも気軽に参加できて集客しやすい。だけど、本気度が高いお客さんはそこに来るのか？　画面オフで顔も見えない参加者が、画面の向こうで真剣に聞いてくれているかなんてわからないだろう？　リアルで接した方がこっちの熱意だって伝わるし、お客さんの反応だってよくわかる。個別に気軽に質問を受けられたりするのもリアル開催ならではだし、その後、実際に仕事につ

はじめに

ながるのは、やっぱりリアルの場じゃないのか？

コロナ禍は明けた。

なのに、いったいどういうことだ？

日に日にうすっぺらい営業が増えていく。

この流れを止めることは、もはやできないのか？


営業のデジタル化の流れは昔からあった。決して今に始まったことではない。

1980年代後半から1990年代にかけて、パソコンやインターネットの普及とともに、「デジタル時代」という言葉が使われ始めた。

2000年代に入ってインターネットや情報技術の革新的な進歩が「デジタル革命」と呼ばれるようになり、2010年代以降、様々な分野で「デジタル化」という言葉が広く使われるようになった。

単に情報をデジタル化するだけでなく、業務効率化や新たなサービスの創出など、デジタル技術を活用した変革を意味し、営業のデジタル化もこのあたりから本格的になってきた。それでも、アナログ的な営業はまだまだ大切にされていた。

ところが２０２０年からのコロナ禍で、デジタル化が一気に進んでしまった。

デジタル技術を活用して、ビジネスや社会を根本的に変革することを意味する「ＤＸ（デジタルトランスフォーメーション）」という言葉まで誕生し、アナログはオワコン扱いされる対象になってしまった。

ここ数年、我が社のホームページのお問い合わせフォーム（営業のメールはご遠慮くださいと書いている）から、「ＬＩＮＥや動画で売上を上げませんか？　一度オンラインで打ち合わせしませんか？」といった営業メールが来るようになってしまった。私からしたら、貴重な時間を奪うスパムでしかない。

書店のビジネス書コーナーに行ってみると、泥臭い営業本は隅っこに追いやられ、InstagramやらYouTubeやらＸ（旧Twitter）などＳＮＳを駆使したスマートでかっこいい今どきの営業術の本が、まるで助さん格さんが「このフォロワー数が目に入らぬか！」と印籠をふりかざすかのごとく、幅をきかせるようになってしまった。

会社に届くビジネスセミナーのＤＭもそういったものばかりだ。某セミナー主催団体の企画担当者いわく、「今はそっちの方が集客できるから」。

しまいには、「ＳＮＳをやらない中小企業は生き残れない！」と煽られ、根っからのアナログ中小零細企業の社長たちが、右往左往している。

本当に、それでいいのだろうか？

誰が見ても時代はデジタルに寄ってしまっているが、少しはアナログに重心を置いておかないと、完全デジタル化というのは、やはりリスクが大きすぎる。

たしかにＳＮＳも必要だろうけど、やっぱり、ＳＮＳで１００回接触するよりも、１回いっしょにメシを食った方が、よっぽどたくさんのものが伝わる。

メールで何十往復のやり取りをするよりも、１回喫茶店で打ち合わせをした方がたくさんのことが伝わる。

お客様のために役に立ちたいと願っている営業マンの、その一生懸命さや人間味、真剣度や熱意が伝わるのは、パソコンの画面越しではない。

ＳＮＳで繋がったからといって、それでこの営業マンのために一肌脱いでやろうなんていう気持ちには、少なくとも、私はならない。

なんだかんだ営業は会ってなんぼ。会わなきゃいけないときは迷わず会うというのが鍵であるし、営業においてアナログというのは強力な武器であって、今後も欠かすことができないのではないか。

それは、セールスツールにおいても同じだ。

実際に手で触ることができるアナログのツールは、まだまだ効果的である。

むしろ、デジタルの時代だからこそ逆に目立ち、効果が大きくなる。

違う角度から言うと、今、日本は高齢化がどんどん進んでいる。

それはつまり、デジタルよりもアナログの方がわかりやすく安心できる人が増えているということだ。


デジタル化がますます進み、うすっぺらい営業が増えていく流れを止めたい。せめて、この本を手に取ってくれたあなたには、アナログの大切さを忘れないでもらいたい。


私はＳＮＳが苦手だ。

特にビジネス用途でのＳＮＳには、強い違和感がある。

そのため、私は会社の代表でありながら、X（旧Twitter）もInstagramもやっていない。Facebookも見る専門。

SNSは、もともとビジネス用途ではなく、個々人がプライベートを楽しむものとして誕生したのではなかったのか？

２００６年にTwitterがサービスを開始。その日本語サービスが２００８年から導入された。Facebookは、２０１０年の後半頃から日本で注目されるようになり、Instagramは、２０１４年に日本語版アカウントがスタート。

私自身は２００８年に27歳で創業し、近しい社長仲間たちから、「蒲池さんも絶対Facebookやった方がいいよ！」と強くすすめられ、２０１３年、33歳のときにFacebookのアカウントを作成した。

その頃は、本当に親しい、気心の知れた友達と言えるような10名程度の社長仲間としか繋がっていなかったから、SNSは楽しいと純粋に思えた。

営業目的、ビジネス用途で使うなんてことは、微塵も思っていなかった。

ところが、いつしかSNSはビジネス用途が当たり前となり、名刺交換をしただけで、はたまた、何かに申し込んだだけで次から次へと「友達」が増えていく。

そして、今の私には関係のない投稿ばかりが次から次へとアップされていく。

もちろん、役に立つおもしろい情報を投稿してくれる方もいるが、残念ながらそんなのはごく一部だ。

基本的には、今の私にとってどうでもいい内容のものばかり。

ＳＮＳを見る度、

「あぁ、また時間をムダにした……」

と、がっかりする。


たしかに、ＳＮＳを上手に活用している企業もあるが、連日大きなニュースになっているのは、ＳＮＳで炎上した企業の話ばかり。

個人間においても、残念ながらＳＮＳによるトラブルや悲しいニュースが後を絶たない。

私がＳＮＳに対して強い苦手意識を持っているのも、こういったリスクがあるからだ。

私は創業以来17年間、人を雇わず、一人で会社経営を続けている。

リソースが極端に限られている中、そもそもそこにかける時間がない上、不慣れなためにうっかり炎上でもしようものなら……。

また、炎上まではしなくても、こちらの知識不足から自分の発信が誰かを不快にさせてしまうこともあるだろうし、それによって信用を失ってしまう可能性もゼロではない。いわば死活問題になってくるのだ。細心の注意を払い続ければいいのかもしれないが、そこまで時間と労力をかけられるほど暇ではない。

私は人一倍、相手の気持ちを気にしてしまう、察してしまう性格のため、なかなか気軽に投稿というわけにもいかない。

そういったリスクを負ってまでSNSを仕事に活用しようとは思えず、発信はずっと控えている。

ただ、営業をする上で発信をすることの大切さは私も認識しており、SNSではない別の形での発信を、独立前の営業マン時代からあわせると、かれこれ19年継続している。

その発信を継続していたおかげで、2008年の創業からリーマン・ショック、東日本大震災、コロナ禍という100年に一度と言われる未曾有の危機に遭遇しても会社を潰すこともなく乗り越え、事業を継続することができている。

もし、発信を続けていなかったら、今の私の会社はもうなかったはずだ。

SNSが苦手な私が19年間活用している情報発信ツール、それが本書でご紹介する「社長通信」というアナログツールだ。

営業マン時代の2006年以来、私はご縁をいただいた方々に忘れられないために、何かあったら一番にお声をかけていただけるようにと、自分の人となりを書いた「蒲池通信」というA4二枚からなるアナログツールを、月1回、FAXで送ることを継続している。

それが高じて、社長の人となりが伝わる「社長通信」の作成代行がメイン事業となり、毎日、全国の中小零細企業の社長にインタビューをしては、録音したインタビュー音声をコツコツ文字おこし、その社長の言葉となるようにリライトし、オリジナルの「社長通信」に仕上げて納品するということを、毎日ひたすら繰り返している。

2008年2月の創業以来、私は17年間でのべ5700名を超える方々の「社長通信」を作らせていただいた。

これまで私がお手伝いをさせていただいた業種は、BtoB・BtoCを問わず、多岐にわたる。工務店、ガーデン・エクステリア、不動産販売、看板（サイン）、木工建具、ビルメンテナンス、投資用不動産販売、税理士事務所、行政書士事務所、司法書士事務所、産業医事務所、歯科医院、相続相談、製造業、鉄リサイクル、生コン販売、建材販売、水回り設備卸、自動車販売、自動車教習所、仏壇・仏具、墓石、葬儀、オーダー家具製造販売、システム開発、パソコン教室、訪問リハビリ、リハビリ施設、保険ショップ、補聴器販売、出版、人材紹介、包装資材卸、食品卸、ＯＡ機器販売、アパレルメーカー、宝石メーカー、食品メーカー、化学薬品メーカー、医療機器メーカー、営業コンサルタント、人事コンサルタント、病院コンサルタント、美容室コンサルタント、お総菜店舗、貴金属買取店舗、エステ、美容室、ゴルフ場、郵便局、県庁など、本当に様々だ。

そこで生まれた成果の一部をご紹介すると、

・初回面談時に、「社長通信」のバックナンバーを手渡しただけで新規受注できてしまった司法書士

・想いを綴った「社長通信」の第1号を見積書に添付しただけで、立派なパンフレット付きの大手企業に、見積金額が大手企業より高かったにもかかわらず、相見積もりで勝ってしまった住宅改修専門の一人社長

・「社長通信」をポスティングし続けただけで、問い合わせの9割が相見積もりにならなくなった地域密着工務店
・2年間来店がなかった人たちにも「社長通信」を送ってみたところ、次々と再来店してくれるようになった小さな美容室
・5年間会っていなかったにもかかわらず、「社長通信」を送っていただけでお仕事の依頼が来た屋内外サイン制作会社

など様々。

最近は、この「社長通信」が採用力の強化や社員教育、スムーズな事業承継という場面でも効果的に活用されている。

本書は、営業のためにも発信しないといけないのはわかっているけれど、流行のSNSはどうも苦手で、思うように発信ができていないと悩んでいる中小零細企業の社長のために書いた。

「社長通信」とは何なのか？　どんな効果があるのか？　なぜ売れるのか？

その具体的な作り方と活用法を、たくさんの事例も交えてわかりやすくお伝えしたい。

目次

はじめに …… 3

第1章 小さな会社は「いいね！」より「ありがとう！」を集めよう …… 21

1億総発信時代。発信しなければ「3人のレンガ職人」の違いが伝わらない …… 22
「社長の人柄」で差別化！　小さな会社が発信することの重要性 …… 27
小さな会社に大切なのは「いいね！」より「ありがとう！」 …… 30
小さな会社が安易にSNSを導入する7大リスク …… 33
「社長通信」は、デジタル時代にノーリスクで発信ができる社長版「学級通信」だ！ …… 37
お客様の脳内検索で1位になる！　「社長通信」は第一想起されるためのアナログツール …… 41
「社長通信」で成果を上げている5人の実践社長 …… 47
なぜ「社長通信」は効果があるのか？ …… 66
ランチェスター経営の竹田陽一先生に聞いてみた、顧客維持の重要性 …… 70

せっかく開拓したお客様、いつまでほったらかしにするのですか？　75
安定経営に欠かせない「1：5」の法則と「5：25」の法則　75

第2章 A4一枚「社長通信」はこう作ろう！　77

全ては、あなたにとっての「いいお客様」を決めることから始まる　78
「社長通信」はタイトル、メインコラム、サブコラム、プロフィールの4部構成で作る　81
あなたの顔と名前が一致する「タイトル」の作り方　85
小さな会社は、ロゴではなくあなたの顔で覚えてもらおう！　88
共通点があるだけで親近感を持たれ仕事も受注できてしまう「プロフィール」の作り方　92
「メインコラム」は自己呈示、「サブコラム」は自己開示　94
「メインコラム」の作り方　97

目次

【文章の書き方　その1】あなたの実体験を4行日記で書く！ 102
【文章の書き方　その2】会社の取り組みを「現在→過去→未来」で書く！ 109
文章を書き終わったら内容に合った挿絵を入れる 113
「社長通信」に書いてはいけないテーマ 114
読者に親近感を抱かせる「サブコラム」の作り方 121
体験談を書くべき3つの理由 124
コロナ禍でどこにも出かけられない中でもネタ切れしなかったワケ 127
【応用編】A4二枚版にするなら、こんなコーナーを追加しよう 128

第3章 A4一枚「社長通信」はこう使おう！ 133
「社長通信」の届け先リストを作る！ 134
届け方は「FAX」「郵送」「手渡し」が原則 141
紙NGの相手にはPDF版をメールで送付 149
セールス場面別「社長通信」活用法 151
ここでも使える！「社長通信」の活用法【応用編】 171

第4章 「社長通信」の疑問・質問はこれで解消！ 187
Q1 「社長通信」が特に効果的なのは、どんな業種？ 188
Q2 「社長通信」は白黒とカラー、どちらで作成するのがいいですか？ 190
Q3 デザインは、いつもこのベタな感じじゃないとダメですか？ 192

目次

Q4 毎月出さないとダメですか？……193
Q5 発行開始から、どれくらいで反響がありますか？……196
Q6 文章力に自信がありません。どうすれば上達しますか？……198
Q7 どうしても自分で書けない場合は、ライターに頼んでもいいですか？……203
Q8 手書きの方が効果はありますか？……206
Q9 売り込みNGなので、商品・サービスのことは書いちゃいけないんですよね？……208
Q10 「社長通信」は、いつまで続けたらいいですか？……209
Q11 ニュースレターの原稿を購入している人がいますが、効果はありますか？……211
Q12 自分のことをオープンにするのは恥ずかしいのですが……213
Q13 継続するためのコツはありますか？……215
Q14 「社長通信」を、社内報のような感じで社内向けに出すのはありですか？……219
Q15 私はもう営業の現場に出ていないので、営業の責任者に書かせてもいいですか？……221

第5章

ネタ切れ防止！「社長通信」に書くネタ113 223
17年間、５７００超の「社長通信」を作る中で一度もネタ切れしたことがないワケ 224
初公開！ 絶対にネタ切れしない「社長通信」に書くネタ１１３ 227
おわりに「10年偉大なり、20年畏るべし、30年歴史になる」 238

第1章
小さな会社は「いいね！」より「ありがとう！」を集めよう

1億総発信時代。発信しなければ「3人のレンガ職人」の違いが伝わらない

あなたは「3人のレンガ職人」の話を聞いたことがあるだろうか？

「ある旅人が、道中で3人のレンガ積み職人に出会い、それぞれに『あなたは何をしているのですか？』とたずねた。

1人目の職人は、『ただレンガを積まされているだけだ』と愚痴をこぼした。

2人目の職人は、『家族を養うために働いているんだ』と現実的な理由を話した。

3人目の職人は、『この大聖堂を完成させることに貢献している』と、仕事に大きな意味を見出していた」

この話は、同じ仕事をしていても、その仕事に対する考え方や目的意識によって、やり

がいや満足感が大きく変わってくることを教示していて、「目的意識」について学ぶ際、よく紹介される。

あなたがこの3人の中の一人にレンガ積みの仕事を発注するとしたら、何人目の職人を選ぶだろうか？

価格や品質に大きな違いはなく、職人の年齢も容姿も性別も同じで、それぞれの事務所はあなたがいる場所から等距離にあり、営業時間も社歴も従業員数も同じだったとする。であるならば、1人目より2人目、2人目より3人目の職人に仕事を発注したいと思うのではないだろうか？

どうせ頼むのなら、その仕事に対する姿勢、想いを評価し、しっかり仕事をしてくれる上、何かあったときにも真摯に対応してくれることを期待できそうな、3人目に発注するのではないだろうか？

次に、あなたが仕事に対して素晴らしい姿勢、想いを持っている3人目の職人だったとして、旅人が仕事の発注先を探しているお客様だったとしたらどうだろうか？

1人目と2人目の職人は、いわばあなたの競合相手である。

先ほどと同様に、価格から何から条件を同じとした場合、どこに仕事が集まるか？

普通に考えれば、全ての仕事があなたに集まってもおかしくないはずである。

ところが、現実はそうではない。そもそも、お客様は、あの旅人のようにわざわざ「あなたは何をしているのですか？」などとたずねてくれないのだ。

だから、3人目のレンガ職人であるあなたは、発信をしなければならない。

もし、あなたが発信を怠れば、お客様からは、残念ながら3人とも同じようなレンガ職人と認識されてしまう。

あなたが、競合他社よりもお客様に喜んでいただける自信があるのであれば、発信をして他社との違いを伝える必要があり、他社との違いが伝わってはじめて、お客様があなたを指名できるようになるのだ。

現代は、良くも悪くもその情報発信が誰でも簡単にできるようになってしまった、いわば「一億総情報発信時代」である。

スマートフォンやパソコンの普及により、ＳＮＳやブログなどを通じて、手軽に自分の考えや情報を世界中の人々に発信できるようになったわけだが、それゆえに情報過多の状況になり、多数の虚偽情報まで出回るようになってしまった。


先ほどの３人のレンガ職人の他に４人目がいたとして、その職人が仕事の技術は３人以下なのに、口八丁手八丁で、器用にＳＮＳを使いこなしていたらどうなるだろうか？

あなたを含む３人のレンガ職人が何の発信もしていなかったら、全てではないにせよ、一定数のお客様が、その４人目の職人に発注してしまう可能性があるのではないか？

だから、あなたはお客様が選択を間違えないためにも、「発信」をしなければならない。


大企業のように資金が潤沢にあるのであれば、テレビＣＭでもなんでもバンバン打っていけばいいが、リソースが限られている小さな会社であれば、お金をそこまで掛けずとも確実に発信ができる方法、ＳＮＳが苦手だとしてもできる、アナログ情報発信ツールを使わない手はない。

今後、ますます情報過多になっていく中、お客様のためにも、あなたが情報発信をする必要があるのである。

ＳＮＳを駆使する人間は、今後、世の中にどんどん出てくることが明白であり、そういった敵が多いところで、それを苦手とする人が戦ってはいけない。

小さな会社は、そんなところに貴重なリソースを割くのはやめて、あえて流行に乗らずに、アナログのツールで勝負していく方が賢明だ。

それが、私が提唱する「社長通信」だ。

「社長の人柄」で差別化！小さな会社が発信することの重要性

小さな会社は、何を発信すればいいのか。
それは、「社長の人柄」である。そこで、差別化をするのだ。

私自身が差別化について最初に学んだのは船井総合研究所時代であり、その後も、ランチェスター経営の竹田陽一先生から多くのことを学ばせていただいている。

強者の戦略と弱者の戦略があり、強者である1位の会社は差別化ではなく、2位以下のライバルを真似るミート戦略を基本とし、弱者である2位以下の会社は、強者を真似るのではなく、違いを打ち出す差別化戦略を基本とする。

小さな会社は、どこで差別化をするかが問題だ。

特に他社も同じようなものを扱っている販売店や保険代理店、それから、税理士事務所など法律に則って業務を行う士業は、商品・サービスによる差別化がきわめて難しい。

他にも、理・美容室、さらには、リフォーム工事をしてくれる工務店なども、そこでしかできない髪型、そこでしかできない工事というのは基本的にはなく、他にない技術で差別化というのも非常に打ち出しにくい。

また、技術力によって差別化ができそうな製造業で、新技術が誕生し、それが軌道に乗って一時的に差別化ができたとしても、1位の会社があっという間に真似をしてきて、お客様から見たときには同じものと認識され、「どうせ買うなら名前も知られている会社の方が安心できそうだから」ということで、顧客を簡単に奪われてしまう。

そんな中、リソースが少ない小さな会社が簡単に、かつ永続的に差別化できるのが「社長の人柄」である。この世に一人として同じ人間は存在しておらず、その唯一無二の社長の人柄を、1位の会社が真似ることは絶対にできない。

ただ、それを発信しなければ、お客様から認識されず、存在しないことになってしまう。

差別化するための元ネタはすでに存在しているのだから、それを発信し続けることで、お客様から、

「どうせ買うなら○○社長のところから」

という状態を作り上げることができる。

注意してもらいたいのは、よくテレビや雑誌、YouTube等に出てくるような「名物社長」になってくれと言っているのではないということだ。

自分は口下手だし、人前に出るのも苦手だという社長こそ、アナログな「社長通信」でその信頼に値する人柄を発信するのだ。

お客様に対して真摯に向き合う姿勢、真面目に商売をしている姿勢、一生懸命な社長のその素晴らしい人柄を、誠実に淡々と発信していけばいいのである。

その発信を継続した先に、完全に差別化を実現した世界が待っているのだ。

小さな会社に大切なのは「いいね！」より「ありがとう！」

ＳＮＳ時代において、「いいね！」やフォロワーの数は、企業の成功を測る一つの指標とみなされることがある。

しかし、小さな会社にとって本当に大切なのは、そうした目に見える数字ではなく、顧客一人ひとりと築き上げる、より深くて確かな関係性だ。

小さな会社であることのメリットは、万人受けする必要がないことだ。

大企業は、多くのステークホルダー（株主、顧客、従業員など）を満足させ、安定した収益を上げる必要があるため、どうしても万人受けを狙いがちだ。

その点、小さな会社は、特定の顧客層に深く入り込み、そのニーズに特化したサービスを提供することで大きな価値を生み出し、小さくても強い会社を作り上げることができる。

全世界に向けて何かを発信する必要もなければ、たくさんの「いいね！」をもらう必要も、何千、何万というフォロワーも必要ない。八方美人になる必要なんてないのだ。

小さな会社にとって大事なのは、大企業が手がけにくい特定の顧客層や地域で、お客様から「ありがとう！」と言っていただけるような取り組みをすることだ。

毎日SNSの更新に励んだところで、お客様から「いつもありがとうございます」と言われることはまずないが、月に1回「社長通信」をお送りしていると、読者の方から「いつもありがとうございます」と感謝される。

見知らぬ誰かからポチッと「いいね！」をされるよりも、既存客や見込み客から感謝されることの方が、小さな会社にとっては何倍も大事だ。

また、フォロワー数が多い人がすごいとされる風潮にも私は疑問を感じる。

フォロワー数が多いのは、それだけ多くの人に発信を見てもらえる可能性が高いことを示すが、だからといって必ずしも質の高い情報発信をしているとは限らず、中には、フォロワー数を増やすために、過度な演出や虚偽の情報発信を行っている人もいる。

多くの会社が「いいね！」数やフォロワー数を競っている中、あえて顧客からの「ありがとう」を重視してみてはどうだろうか。ＳＮＳではなく一人ひとりの顧客に意識を向ける。顧客はその姿勢に誠意を感じ、他の会社との違いを明確に認識する。

見知らぬ１００人から「いいね！」をもらうことを目指すのではなく、見込み客や既存客１００人から「ありがとう！」と言っていただけることを目指す方が、その後の商売にも大きくプラスになる。

小さな会社は、「いいね！」をもらって気持ちよくなっている場合ではない。

小さな会社にとって「いいね！」なんて「どうでもいいいね！」なのだ。

小さな会社が安易にＳＮＳを導入する7大リスク

なぜ小さな会社は安易にＳＮＳの導入に走ってしまうのか。

とりあえず無料でできるから？
簡単そうだから？
周りの会社もやっているから？
時代の波に乗り遅れたくないから？

無料で簡単そうで、周りがやっているからうちもやるでは、差別化から逆行している。
しかも、ＳＮＳを導入したからといって簡単に成果が出るものではなく、本当に成果を出そうと思えば、それ相応の労力や技術、知識が必要になる。

これからまだまだ新しいＳＮＳが誕生してくるだろうが、そこにばかり意識を向け、リソースをかけ続けるのは、ナンセンスだ。そんな姿を見て、お客様はどう思うだろうか？

本書の冒頭でも書いたが、私はＳＮＳに対してとても懐疑的である。もちろん、個人がプライベートで楽しむ分にはかまわないが、次のようなリスクを考慮すると、それを仕事に活かそうとは思えない。

❶ 炎上リスク

ＳＮＳは、一度炎上すると、企業のイメージが大きく損なわれ、回復に時間がかかることがある。誤った情報の発信や、顧客からの不満に対する不適切な対応などが、炎上のきっかけとなりえる。小さな会社は、大企業に比べて情報発信力が弱いため、炎上の影響を大きく受ける可能性がある。

❷ セキュリティリスク

ＳＮＳを利用するためには、個人情報や企業機密を含む情報を多かれ少なかれ扱うことが避けられない。不正アクセスや情報漏洩のリスクは常に存在し、企業の信用失墜に繋がる。特に、中小企業は、大企業のような高度なセキュリティ対策を講じることが難しく、リスクにさらされやすい。

❸法令違反リスク

SNS上での発言や画像の利用には、著作権法や個人情報保護法など、様々な法律が関わってくる。法令違反は、企業イメージを大きく損なうだけでなく、法的責任を問われる可能性もある。

❹非効率リスク

SNS運用は、思った以上に時間と労力を必要とする。投稿内容の企画、デザイン、スケジュール管理など、様々な作業が発生する。小さな会社は、人材やリソースが限られているため、SNS運用に多くの時間を割くことは、他の業務に支障をきたす可能性がある。

❺担当者の離職リスク

SNS運用は、新しい情報やトレンドに敏感でなければならない。担当者は、常に学習し、変化に対応していく必要がある。しかし、この負担は大きく、担当者のモチベーション低下や離職に繋がることがある。

❻ 対面コミュニケーション能力の低下リスク

ＳＮＳでのコミュニケーションは、対面でのコミュニケーションと比べて、非言語情報が欠如しており、誤解が生じやすい場合がある。ＳＮＳに慣れすぎてしまうと、対面でのコミュニケーション能力が低下し、顧客との関係構築に悪影響を及ぼす可能性がある。

❼ 非デジタル顧客の排除リスク

全ての顧客がＳＮＳを利用しているわけではない。特に、高齢者やデジタル機器に慣れていない層は、その世界から排除されてしまう可能性がある。これにより、潜在的な顧客を失うだけでなく、企業イメージの低下にも繋がることがある。

こういったリスクを考慮し、それでもＳＮＳをやりたい！　という方は取り組んでいただき、こういったリスクは冒したくない、できればノーリスクで情報発信をしたいという方は、アナログの「社長通信」を選んでいただきたい。

「社長通信」は、デジタル時代にノーリスクで発信ができる社長版「学級通信」だ！

私には2人の息子がいる。2人とも小学生だ。

以前、長男の担任であった先生のことがとても印象に残っている。もちろん、良い方の印象だ。

実は、私はその先生に会ったことがない。授業参観には足を運んだが、たまたまその日は先生が体調不良でお休みをされており、お会いしていないのだ。

だが、「素晴らしい先生」として、とても印象に残っている。

ちなみに、そう思っていたのは私だけではなく、私の妻、それから、そのとき長男と同じクラスだった子の親御さんも、「あの先生は素晴らしい、このまま6年生までずっとあの先生に担任になってもらいたい」と言っていたほどの先生だったのだが、なぜ、そんなにも好印象だったのか。

私は、その大きな要因の一つが、「学級通信」だと確信している。

「学級通信」は、担任の先生が、クラスの生徒やその保護者に向けて、学校での様子を伝えるための手紙のようなものだ。行事や、子どもたちの学習の様子、クラスで起きた面白い出来事などを紹介する。保護者への連絡事項や、先生からのメッセージも含まれる。保護者は、子どもが学校でどんなことをしているかを知ることができ、子どもは、先生からの励ましの言葉や、クラスの仲間のことを知り、学校生活を楽しむことができる。学校と家庭を繋ぐ、大切な橋渡しの役割を果たすものだ。

その先生は、毎週のように「学級通信」を配ってくれた。子どもに「学校どうだった?」と聞いても「ふつう」と返ってくるのが関の山だが、「学級通信」を読むと、今学校で何が行われているのか、先生がどんな気持ちでそれに取り組まれているのかが本当によくわかり、息子に対しても「こんなことがあったんだね」と話を振ると、それについてイキイキと話してくれることがよくあり、本当にありがたいなと、この先生なら安心して子どもを預けられると思ったことを記憶している。

そして、この先生の「学級通信」を毎週のように読み続けるうちに、いつしか私もこの先生の一ファンになっていたのである。

「来年もこの先生が担任になってくれたらいいな。次男も、いつかこの先生に担任になってもらいたい」

と思うようになっていたほどだ。

残念ながら、その先生は長男の担任を終えたあと、別の学校に異動してしまったのだが。

これからあなたが出すべき「社長通信」は、まさに社長版「学級通信」なのである。

自分の近況、会社の中の出来事、プライベートでの出来事を綴り、紙で発信し続ける。

それによって、確実にあなたに好印象を持ってくれる人が増えるのだ。

そして、このアナログツールの「社長通信」は、ＳＮＳと違ってノーリスクで発信することができる。

前述の、ＳＮＳの７大リスクを思い出してもらいたいのだが、ＳＮＳはまず、良くも悪くも拡散性が高く、良い方向に転がればバズるが、悪い方向に転がれば炎上する。

その点、アナログツールは拡散性が低いがゆえに、炎上することはない。

また、アナログゆえに、そこに不正アクセスは存在しない。

法令違反リスクに関しても、毎日のように頻繁に発信をしなければならないSNSとは違い、月に1回だけ発信をすればよいため、しっかりと確認をすることができ、無意識に法令違反をしてしまうリスクも極めて低い。

そして、月に1回だけの発信のため、労力を多大に割かなければならないSNSとは違い、本業に支障をきたすリスクもない。

それがあることで訪問しやすくなるなど、コミュニケーション能力の向上に繋がる。

高齢者やデジタル機器に慣れていない層を排除してしまうSNSとは違い、アナログの「社長通信」はデジタル機器の得手不得手に関係なく、全ての世代、全ての潜在顧客に情報を届けることができる。


あなたが、やらない理由はないのである。

お客様の脳内検索で1位になる！「社長通信」は第一想起されるためのアナログツール

あなたは、「第一想起」という言葉を聞いたことがあるだろうか？

簡単に言うと、ある商品やサービスが必要になったときに、最初に思い浮かぶブランドのことである。例えば、「飲み物を買いたい」と思ったときに、真っ先に「〇〇コーラ」と頭に浮かぶような状態だ。

言い換えると、お客様の脳内検索で1位を取るということだ。

商売をしていく上で、この「第一想起」「脳内検索で1位」がとても重要であることは、容易に想像がつくのではないか？

お客様が商品・サービスを探すときに一番に思い浮かべてもらえれば、真っ先に購入候補となり、選ばれる可能性が高くなる。つまり、第一想起、脳内検索で1位を獲得することは、売上アップに直結する可能性が高いのだ。

私の例で言えば、お客様が「社長通信」のことで誰かに相談したいと思ったときに、一番に私の名前が思い浮かぶことが理想だ。

もう少し広いくくりで言うと、「ニュースレターといえば蒲池さん」「アナログの情報発信といえば蒲池さん」というポジションをお客様の脳内で確立すべく、また、パッと頭に思い浮かべてもらえるような状態にするために、私は「蒲池通信」を毎月出し続けている。


これと同じような効果があるのがメルマガだ。

「社長通信」と同様に継続的な情報発信をし、そして、「○○といえば○○」というような状態を目指す。

しかし、メルマガはライバルが多すぎるという難点がある。さらには、月1回の発行では頻度が低すぎる。最低でも週1回は出し続ける必要があり、お客様が飽きずに読み続けられるレベルで出さなければならないので、なかなかハードルが高い。

その点、アナログの「社長通信」は、ライバルも圧倒的に少なく、月1回の発行で全く問題がない。

では、定期的な情報発信なんてせず、お客様が何か商品・サービスを探すタイミングでこちらからピンポイントでダイレクトメールを送ったり、訪問をして案内したりすればいいのではないか？　と思われる方もいるかもしれない。

たしかに、その商品・サービスによってはお客様が探すタイミングがほぼ決まっているものも存在する。そこでピンポイントで案内をするのは賢明である。

例えば、小学校に入学するときのランドセル、自動車を買うときの自動車保険、学習塾の春季・夏季・冬季講習、会社に新入社員が入ったときの新入社員研修、母の日のカーネーションにクリスマスのおもちゃなど、そのタイミングで案内をすれば日頃から関係を作っていなかったとしても見向きはしてもらえる。

ところが、そのタイミングがわからない商品・サービスが大半である。

さらに、そのお客様が商品・サービスを探されるタイミングがいつ来るのか、それを提供する側がわからないだけでなく、お客様自身も、そのタイミングがいつ来るのかわからないのである。何かの出来事がきっかけとなり、急に必要になるということはよくある。

大きな地震が発生したら、防災グッズが必要だ！　となり、ペットボトルの水などが瞬時に品薄になる。

こういった大きな出来事でなくても、親しい友達が家を買ったと聞けば、家が気になり出すだろうし、車を買ったと聞けば車が気になるタイミングが来る。腰や背中が凝って痛いなぁとなれば、整体やマッサージが気になり出す。

企業としても、これまでずっと担当してもらっていた税理士さんが引退するとなれば、別の税理士さんを探そうとなるだろうし、自分ではなくても、親しい社長からこんなことができる会社ないかな？　と聞かれれば、そういった会社を探し始めるのではないか。

タイミングというのは、いつどんな形でやってくるかわからない。

だからこそ、それが来たときに一番に声がかかるように、定期的に「社長通信」を出し続けるのである。

実際、『弱者の戦略』（経済会）や『小さな会社☆儲けのルール』（フォレスト出版）などの著者である栢野《かやの》克己さんに私の「蒲池通信」をずっとお送りしていたところ、タイミングが合い、お声をかけていただけたことがあった。

栢野さんが大阪でセミナーをすることになり、大阪で話せる講師を探そうというときに「蒲池通信」が届き、「そうだ！　大阪に蒲池さんがいる！」と思い出してくださったのだ。

お客様に「第一想起」され、「脳内検索で1位」を取るために、「社長通信」を出し続ける。

もし、お客様が何か商品・サービスが必要になったとき、思い出す候補がなかったらどうなるだろうか？　おそらく、お客様はネットで探し始める。そして、いくつか候補をピックアップし、そして、比較検討に入る。

ネット広告を出すなり、ＳＥＯ対策をして検索サイトで上位に来て、その比較検討の数社の中に入ることができたとしても、すでに競合がいる状態である。

さらに、その候補の中でお客様が違いを認識できなければ、結局、費用が安いところが選ばれてしまう。あなたが安さをウリにしているのであればそれでもかまわないが、そうでなければ、ネットで探される前に、お客様の頭の中で一番に思い浮かべてもらうことがとても重要になってくる。

あなたの会社は、お客様の脳内検索で何位に入っているだろうか？

「社長通信」で成果を上げている5人の実践社長

【実践社長①】

見込み客が「社長通信」に感銘を受け、指名で依頼が来る相続不動産専門会社

ゆずき不動産事務所株式会社　柚木克哉社長（静岡県富士宮市）

相続不動産をメインで取り扱っている柚木社長は、不動産のお客様、それから、不動産の個別相談会に来てくださった個人の方を中心に、毎月、社長通信「ゆずき通信」を郵送している。また、お取引先やお名刺交換をしてくださった方にはＦＡＸで、基本的にはこれからも関係を深めていきたいと思う全ての方に「ゆずき通信」をお送りしている。

次ページに掲載しているのが、柚木社長の発行する「ゆずき通信」（第20号）の実物である。

ゆずき不動産事務所（富士宮相続相談センター） TEL：[redacted]

ゆずき通信

第20号
2023年5月

■■■このゆずき通信は、私たちとご縁のあった方、ご縁をいただきたい方に毎月差し上げております■■■

◆固定資産税をきっかけに◆

こんにちは！ゆずき不動産事務所（富士宮相続相談センター）代表の柚木（ゆずき）克哉です。ゆずき通信第20号をお送りいたします。よろしくお願いいたします。

さて、前々回のゆずき通信で話題にさせていただきました不動産の個別相談会、そこにお越しいただけるきっかけとして特に多いのは「固定資産税」です。固定資産税の支払いに負担を感じられ、それをきっかけにご相談に来られる方が多いです。

とは言え、私の感覚では、個別相談会に参加するという行動を起こされるのは、全体の1割程度。残りの9割の方が「なんとかしなきゃ……」と思いつつ、何をどうすればいいのか、誰に相談すればいいのかわからず、そのまま毎年、固定資産税を支払い続けています。

実際に支払っているのは、固定資産税だけではありません。建物があれば火災保険、それから、電気や水道は止めずに基本料金は払い続けている方も多くいらっしゃいます。また、修繕が必要になるケースもあり、台風が来る度に心配にもなります。建物がなくてもこれからの季節は特に草取りが大変です。

もちろん、今後、ご家族のどなたかがそこに住まれるなど、何らかしらの計画があるのであれば何の問題もありません。固定資産税他、それらの支払いは必要です。ただ、今後、ご家族の誰も住む予定がない、特別そういった計画はないということであれば、それらの出費は無駄になっている可能性が高いです。売却という選択肢を一度、ご検討される必要があると思います。

最近、皆様もご実感されていると思いますが、世の中の物価が大幅に上がってきており、出ていくものが多く、お財布を圧迫しています。また、現在、空き家の税優遇についての見直しが政府内で行われているという話もあります。

もし、現在お持ちの不動産について、今後、ご家族の誰も利用する予定がなく、かつ、ご自身の代でなんとか片を付けたいとお考えなのであれば、お金が無駄に出続けてしまうことをストップさせるためにもぜひ一度、私柚木までご相談ください。ご相談は無料です。いっしょに考えましょう。

◆編集後記◆

今回もまた最後までお読みいただきどうもありがとうございます！さて、この春はこども園で長男の卒園式、次男の進級式、また、小学校で長男の入学式とありました。早いもので、もう1年生です。ここまでの成長も早かったですが、これからも、あっという間かもしれません。子どもたちと過ごす時間をしっかり確保し、そして、その成長をちゃんと見守りたいと思います。柚木

■ゆずき通信を今後ご希望されない方は、大変お手数ですが[redacted]までご連絡をお願いいたします■

【発行者プロフィール】
◆名前：柚木 克哉（ゆずき かつや） ◆生年月日：1983年2月1日 ◆出身地：富士宮市北町
◆出身学校：大宮小、富士宮二中、富士高、シトラスカレッジ、カリフォルニア州立大学フラトン校
◆家族構成：私・妻・長男（5歳）・次男（4歳） ◆趣味：読書 ◆打ち込んできたもの：バスケ
【発行元】
ゆずき不動産事務所（富士宮相続相談センター） 〒[redacted]
TEL：[redacted] FAX：[redacted]

柚木 克哉

写真：「ゆずき通信」第20号

この「ゆずき通信」（第20号）を発行したところ、かつて不動産個別相談会に来てくれた一人のご高齢の女性から電話が掛かってきて、こう言われたという。

「もうこれ、その通りだと思うの。まさに私のこと言ってると思って電話しちゃったんだけど。固定資産税の負担、ずっと考えているけど行動してないのは、私のことだと思うの。ちょっとなんとかしたいから一度話を」

そして、実際に柚木社長がご自宅に訪問したところ、ご高齢の女性の手には「ゆずき通信」（第20号）があり、そして、所々にマーカーで線が引いてあったとのこと。

ちなみに、個別相談会のときは、そこまでわからなかったけれど、この女性はご主人のことを20年以上介護されていて、本当に大変な状況にあった方で、悩みを持ちながらもずっと動けなかった。そんな余裕は全くなかったそうだ。ただ、この「ゆずき通信」によって一歩を踏み出すことができたのだ。


こういった方に対して届く情報というのは、やはりアナログである。こういった方々を救うと言ったら大げさかもしれないが、あなたが商売を通じて助けなければならない相手がＳＮＳをやらない世代なのであれば、アナログの「社長通信」で情報を届けてほしい。

柚木社長に「ゆずき通信」の発行を継続していて思ったことについて伺ったところ、次のように話してくれた。

「お客様から忘れられず、かつ、信用もしていただくためのツールとして、活かせていると思っています。

1年や2年、全く接触せずにブランクがある状態で、いきなり何かこちらから商売の話をしに行けるかというと、なかなかそれは難しいと思うのです。そこで『社長通信』などをお送りして定期的に接触をしていると、しばらく会っていなかったとしても、関係性が冷えてしまうこともなく、話ができるということがよくわかりました。

自分が考えていること、大切に思っていることなどを簡潔に伝えることができる機会というのは本当に少ないと思っています。久しぶりにお会いして、挨拶をして、じゃあそのタイミングで『自分はこういう姿勢でやっています』ということを伝えられるかというと、なかなか難しいところがあると思いますが、社長通信であればそれができる。しかも、私が直接出向くわけではないので、一度に数百件でも伝えることができて、多くのお客様からまっとうな商売をしていると思ってもらえていると思います。

読者の方から良い印象を持ってもらえていることは、直接会ってお話をしたときに感じますし、あとはお葉書やお手紙もけっこういただいておりまして、本当に楽しみにしてくださっている方もいらっしゃって、中には私とは親と子ほどの年齢が離れた年配のお客様もいらっしゃるのですが、そういう方は、そのお手紙の内容からも、まるで親目線で私の成長を見守ってくださっているのがわかり、本当に良い関係性を築くことができていると実感しています」

【実践社長②】

5年会っていなくても仕事の発注が来る屋内外サイン制作会社

株式会社日本彫刻工芸　大世渡英和社長（広島県広島市）

中国地方の屋内外サインを自社一貫制作体制で対応している、株式会社日本彫刻工芸の大世渡《おおせど》社長は「大世渡通信」を社内外両方で活用している。

まず、自分の考えていることが少しでも社員さんに伝わればということで、毎月の給料袋に同封している。

社外向けでは、お客様やお取引先様に郵送、ＦＡＸ、メールで毎月送付。

さらには、自社ホームページにも掲載している。

「大世渡通信」の発行開始から3年半が経過したタイミングで、「大世渡通信」を継続発行していて良かったことについて伺ったところ、次のように話してくれた。

「良かったことはいろいろあります。まずコロナ禍の状況もあってあまり営業に行くことができていなかったのですが、それでも私のことを覚えていてくださり『看板の話が出たけ、大世渡君に電話したよ』とご連絡をいただくことがよくありました。

5年くらい前に一度仕事をいただいた広告代理店の方から、『通信見てるよ』と発注いただきましたが、その間、面談はなしです。どうやらその会社の上司の方が読んでくれていたみたいで、それで担当の方を通じてうちに声が掛かったのです。その仕事は大きく、一千万単位の仕事でした。

私の感覚では、年に1回直接会うかどうかという方でも、この「社長通信」を読んでくださっている方は私のことを忘れずに覚えていてくださり、お仕事があったときに『看板＝大世渡』でご連絡をいただけているのを実感しています。

それから、お客様によってはＬＩＮＥやメール、お電話やお葉書で感想をいただくこともあります。『昔の私と同じような経験をされていますね』『私もそれに興味があったんですよ』『今度、工場を見学させてください』といろんな感想やメッセージをいただくことができ、直接は会っていないのに、コミュニケーションを取ることができています。

あとは、ホームページに『社長通信』を掲載していますが、協力業者として初めていっしょにお仕事をする方は、事前に私たちのホームページを確認して『社長通信』も読んでくださっているようで、実際にお会いしてお話をするときも先方から話題を振ってくださり、コミュニケーションがとてもスムーズです。

それから、この前、お客さんの会社に行ったら、私の通信が掲示されていたんですよ。紙で送ることの良さですね。びっくりしました」


大世渡社長のお話の中で、「上司の方が読んでくれていたみたいで……」とあったが、これこそ、紙で送ることのメリットである。

紙で届くようにすることで「回覧」「掲示」「保存」の3つの効果が得られる。FAXや郵送で届けることで、例えばそれが一つの事務所だった場合、複数の人が回覧をして読んでくれているという事例はいくつも私のところに報告されている。

これがメルマガだったらどうだろうか？　よほどのことがないかぎり、社内でわざわざ回覧なんてことにはならないだろう。

それから、通信がお客様のところで掲示されているという事例も実はよくある。紙で送ることでのみ得られる効果である。

【実践社長③】

初回面談時に「社長通信」のバックナンバーを渡すだけで新規受注する司法書士

司法書士 西本清隆事務所　西本清隆所長（熊本県熊本市）

熊本で司法書士事務所を経営する西本氏は「にしもと通信」をフル活用されている。

基本的には、主要な取引先であり定期的にお仕事をいただける不動産会社、税理士事務所、保険代理店にＦＡＸしているのだが、それ以外にも次のような使い方をしている。

まず、Facebookのメッセンジャー等を使い、この人とは今後も親しくしていきたい、関係性を維持していきたいという相手に対し、「お元気ですか？　今月もお時間のあるときに読んでいただけると嬉しいです」といったメッセージ付きで個別に送っている。

それから、例えば登記等が終わって、できあがった資料を先方にお送りする、もしくは、持参するときに「にしもと通信」のバックナンバーを印刷し、クリアファイルに入れて渡している。

バックナンバーに関しては、異業種交流会で知り合った方等、その後、改めてご挨拶に行くときに、同じように渡すようにしている。

他には、事務所近くの地域包括センターに営業を兼ねて顔を出すときに、「今月発行のにしもと通信です」と言って、毎月新しいものを持っていく。

「にしもと通信」の発行からちょうど1年が経ったタイミングで、西本氏に「にしもと通信」を出していてどのような効果があったか伺ってみたところ、次のように話してくれた。

「住宅メーカーさんとか、新規の開拓ができたりしています。最初、紹介でお会いして、そのあと、また改めてのご挨拶で伺ったときに、『にしもと通信』のバックナンバーをまとめて持っていって、その後、毎月ＦＡＸで送っていただけだったのですが、３ヶ月、４ヶ月と経った頃、突然、先方から連絡が来て仕事に繋がりました。

あとは、以前はお仕事があったのですが、ここ5年はずっと音沙汰なしだった不動産会社さんから、また定期的にお仕事をいただけるようになりました。

5年くらい前にお仕事をしてから、その後は接点がなく、別にトラブルがあったわけでもなかったのですが、なんとなく疎遠になっていて、せっかくだからと『にしもと通信』

をＦＡＸしてみたところ、そこから相続手続きの依頼が来たり、それこそ、ＴＳＭＣ（Taiwan Semiconductor Manufacturing Company）関連で、その近くの不動産会社さんということもあって、台湾の方が買う投資物件の手続きのお仕事をいただけたり、成果が出ています」

西本氏はせっかく作った社長通信「にしもと通信」を一人でも多くの方に配っていこうと取り組まれ、発行から1年を待たずして、新規開拓から休眠客の掘り起こしまで実現させている。

【実践社長④】

離島の顧客から「『社長通信』を送ってほしい」という依頼まで来る補聴器販売店

株式会社琉球補聴器　森山賢社長（沖縄県那覇市）

沖縄で補聴器の専門店を複数展開され、また、「人を大切にする経営学会」が主催する第８回「日本でいちばん大切にしたい会社」大賞で審査委員会特別賞を受賞された経歴もある株式会社琉球補聴器の森山社長は、「賢さん通信」を毎月発行している。

これを出すようになったきっかけは、ご来店されるお客様から接客応対する社員に「あんたのとこの社長はどんな人ね？」と質問を受けることが度々あったこと。

その報告を受け、社員は社員なりに「こんな社長です」と伝えてくれていたとは思うけれど、もっと自分のことを知っていただけるようにするにはどうすればいいだろうか、何か良い方法がないかと考える中で「社長通信」の発行に至ったとのこと。

ちなみに「賢さん通信」はあえて郵送はせず、全店で接客をしたスタッフさんがお客様に直接お渡ししている。バックナンバーも印刷して店内のラックに入れ、自由に持って帰っていただけるような形を取っているとのこと。

他にも自分で印刷した「社長通信」をいつも持ち歩くようにし、会った人に、「これは私が毎月出している通信です。よろしくお願いします」とお渡ししているのと、会社がスポンサーになっているラジオ番組内で、パーソナリティの方に読んでいただくこともあるとのこと。

「賢さん通信」を毎月発行して良かったことについて、3年半継続している森山社長に伺ったところ、次のように話してくれた。

「当初の目的であったお客様に身近に感じていただくという点では、その目的を果たすことができていることを実感しています。

実際、お客様がとても楽しみにしてくださっていて『次のないの？』と聞いてくださったり、あとは、『先月の分をもらい忘れたからください』と言われたり。バックナンバーを差し上げるとすごく喜ばれますし、『社長通信』をもらいにわざわざご来店してくださるお客様も実際にいらっしゃいます。

社長通信を発行する以前と比べ、お客様に私の人となりが伝わっていることが感じられますし、すごく安心感があります。

それから、こんなこともありました。

私たちのお客様の中に、『賢さん通信』を楽しみにされている鹿児島は徳之島のお客様がいらっしゃいます。わざわざ船に乗って来てくださっていたのですが、体調不良やコロナ禍の影響で沖縄に来るのを控えられていました。

そんなお客様から昨年の夏頃、お手紙をいただきました。

『賢さん通信を郵送してくれませんか?』

そのお手紙には、宛先が書かれ切手も貼られた封筒が8枚ほど入っていました。これに入れて送ってほしいと。それを見た私は『賢さん通信』をここまで楽しみにしてくださっている方がいらっしゃるのかと、とても嬉しい気持ちになり、今でも一筆を添えて送らせていただいております。

デジタル全盛の時代だからこそ、こういったアナログのやり取りがとても大事で、効率的ではないかもしれませんが、このお客様と私との間には、しっかりと繋がりができていることを肌で感じています。今後、ますますデジタル化の流れは加速していくと思いますが、だからこそ、人の温度が感じられるようなものを、大事にしていきたいと思っています」


ＳＮＳにはない、人と人との繋がりがここにあることをおわかりいただけただろうか？

森山社長の言うとおり、決して効率的ではないアナログのやり方だからこそ、血が通ったやり取り、お客様との繋がりができるのだ。

あなたの会社は、お客様とどれくらい濃く繋がっているだろうか？

【実践社長⑤】

会っていなくてもファンがどんどん増えていく一般板ガラス・鏡の加工卸、内装工事会社

株式会社西尾硝子鏡工業所　西尾智之社長（東京都大田区）

東京都大田区でガラスを用いた内装設計の加工・施工・製作・販売やホテル内装・什器設計などをされ、第15回「日本でいちばん大切にしたい会社」大賞で審査委員会特別賞を受賞された経歴もある西尾硝子鏡工業所の西尾智之社長は２０１５年から自らの「社長通信」「西尾通信」を毎月発行され、すでに第１００号を突破。２０２５年10月で、丸10年の第１２０号に到達する。この「西尾通信」は、毎月はお会いすることができない数多くのお客様に対し、顧客維持戦略の一環でスタートされた。

そんな西尾社長に「西尾通信」をどのように活用され、その中でどんな効果を感じているのかを伺ったところ、次のように話してくれた。

「基本的に『西尾通信』はお取引先さんにお送りしています。毎日は会えないので、こういったものを通じてぼくの考え方、会社の考え方、想い、取り組んでいること、そういったエッセンスをお伝えしていく中で、お客さんにこの会社の今やろうとしていることといったものを知ってもらおうというのが狙いですね。

郵送で請求書といっしょにお送りしていますが、『請求書はいらないからこれだけください』っていう人もけっこう多くて（笑）。これを送るとやっぱり会社で回覧とか、この前行ったら掲示板に貼ってあったりしました。あと、うちの会社のＨＰにも掲載しています。

それが自然とお客さんに、この会社はけっこういろいろやっているんだなとか、西尾さんの考えることがすごくよくわかるなとかね、会ってもいないんだけど、よく読んでいる人がいて、ぼくは初めて会うけど、向こうはこちらをよく知っているといったことがあって、『西尾と申します』って挨拶すると『私、全部バックナンバー持ってます』とか『私、ファンなんです』とか言ってくださるお客さんが多いです。

それから、こんな使い方もしました。事業発展計画発表会のときに、この『西尾通信』を第1号から最新号まで一枚一枚全部パウチして、それを順番に会場内の壁面にぶわーっと並べて貼ったりして、もう圧巻です。来賓の方々が昼休みとかね、ずっとそれを見ていて、スマホで写真を撮っている人もいましたけど、『こんなにあるんですか⁉』『昼休みじゃ読みきれないよ！』って言われたりします。

これをやっていて一番良かったのはお客さんとの関係性の構築です。この通信そのものに価値がついてくる。『西尾通信、見てますよ』というのが挨拶になる。

特に久しぶりに会ったお客さんに非常にいいです。ぜんぜん売り込みしてないのに、ぼくが通信の中で自分のことをわりとしゃべっていて、お客さんがこの通信を通じて、西尾硝子の取り組みをけっこう理解しようとしているし、この考え方はいいですね、西尾社長の考え方に共感しますっていう人が現れてきます。それって完璧なファン作りになるんですよね。

会ってもいない、売り込んでもいない、通信を見て、この人の考え方っていいなってなっていく。それで、会った瞬間からファンだから話がスムーズに進む。

だけど、最初の10号ぐらいはそうはならないんですよ。50号くらいからそうなってくる。最初の1年間は『ほんとに続くの？』みたいな。2年くらいで『けっこう続いてるねー』って。30号超えてくると、けっこう『見てるよー』が出てくる。

50号超えると完璧なファンができて、100号超えたら『いや、ほんとよく続いたね』

『すごいよ、尊敬する』と言われるようになる。

もちろん、これをしたら売上が倍になりますとか、そういうことはないと思うんですよね。そういうことではない。それはまた別の話だからね。でも、特にずーっと毎月毎月、思い出してもらうっていうことが大切なんだろうなって。売上は倍にはならないけど、商売には明らかにプラスになる。だってファンが増えるから。

このファンを作るっていうのが強烈な効果ですよ。会っていないのに『西尾さんのファンです』って。

積み重ねによる信用。継続していくっていうことが、やっぱり大事なんですよ」

西尾社長がおっしゃっていたように、「社長通信」をスタートすると、最初の頃は周囲から「始めたはいいけど続くの？」という目で見られる。それが、3年、5年と継続していくと、周りの見る目も変わってくる。そして、ファンが増えていく。ファンはお金で買えるものではない。地道な活動を通して、顧客との信頼関係を築き、ファンを獲得していく。景気の波に左右されないためにも、中小企業にとってファン作りは不可欠であり、それなくして、中小企業の成長はありえないのである。

なぜ「社長通信」は効果があるのか？

Ａ４一枚の用紙に社長の人となりが伝わるエピソードを書いて、毎月送り続ける「社長通信」。

なぜ効果があるのか。それは次の４つの心理学の法則が効果的に働くからだ。

その４つとは、ザイアンスの法則（単純接触効果）、返報性のルール及び自己開示の返報性、類似性の法則だ。それぞれ解説する。

1　ザイアンスの法則（単純接触効果）

「ザイアンスの法則」とは、ある人や物、サービスなどに対して、繰り返し接することで、それらに対する好意や親近感が高まるという心理現象を指す。この法則は、アメリカの心理学者ロバート・ザイアンスによって提唱されたもので、1968年に発表された。

60秒のCMを1回流すよりも、15秒のCMを4回に分けて流す方が効果的であるという話は有名だ。

「社長通信」も毎月送ることで、直接会っていなくても、まるで毎月会っているかのように感じてもらえ、自然と社長に対して親近感を抱いてもらえるようになる。

2 返報性のルール

「返報性のルール」とは、何かしてもらったら、何かしらの形で返そうとする人間の心理である。いただきものをしたら、お返しをしたくなるというあれだ。

「社長通信」をお送りしていると、読者であるお客様から「いつも送ってくれてありがとう」と感謝される。中には「いつも送ってもらって悪いね。今は注文できないけど、いつかはお願いするね」と言われることもある。まさに、いただいているからお返しをという返報性のルールが働いているのだ。

3 自己開示の返報性

「自己開示の返報性」とは、相手が自分自身について話してくれたら、自分も相手に対して同じように話そうとする心理だ。

つまり、自分がオープンにした分、お客様もオープンにしてくれる。自分が家族のことを話したら、お客様も家族のことを教えてくれる。自分が趣味のことを話したら、お客様も趣味のことを話してくれる。

「社長通信」では、自分のことを積極的に開示しているので、読者であるお客様も同様に開示してくれる傾向にあり、心理的な距離も縮まって、より強固な信頼関係を築くことができるのだ。

4 類似性の法則

「類似性の法則」とは、自分と似たような価値観や考え方を持つ人に好感を抱きやすいという心理だ。「類は友を呼ぶ」の背景にあるのがこれだ。

「社長通信」を通して、自分のバックグラウンド、どういった子ども時代、学生時代を過ごしていたのかといったことから、趣味、家族のこと、会社としての取り組み、仕事を通じて成し遂げたいと思っていることまで、幅広く自らのことを発信する。

すると、読者であるお客様の中でも共通点のある方が、「この会社、この社長は自分と合っている」と感じてくれ、より一層、関係を強化することができるのだ。

過去には、プロフィールに書いていた誕生日が見込み客の結婚記念日と同じで、それだけで仕事に繋がったという報告も受けており、私自身も同じ大学出身ということで、仕事をいただいたことがあった。

「社長通信」は、単なる情報伝達ツールではなく、顧客との心の絆を深めるための貴重なコミュニケーションツールだ。

ランチェスター経営の竹田陽一先生に聞いてみた、顧客維持の重要性

私はランチェスター経営の竹田陽一先生から多くのことを学ばせていただいているが、創業10周年のタイミングにインタビューをさせていただく機会を得た。

その中で、「社長通信」の効果にも通じる「顧客維持」について教えていただいたことをここで紹介する。

〈蒲池からの質問〉

「新しいお客さんを見つける『新規開拓』と、既存のお客さんからリピート・紹介を得る『顧客維持』がありますが、中小企業はどちらにどれくらい労力（お金や時間）をかけたらいいでしょうか？　多くの中小企業の社長が『顧客維持』をないがしろにして『新規開拓』にばかり目を向けているように思えます」

〈竹田陽一先生からの回答〉

「一概にこうとは言えませんが、最初に考えるのは『業歴』です。独立したばかりの会社は、お客さんがいないから新規開拓に力を入れる。そこから、業歴がだいたい5～7年の時点で、新規開拓と顧客維持がクロスしてくるわけです。

業歴が7年を過ぎて10年くらいになると、作ったお客さんを守る顧客維持の方が安くつくようになっていきます。

次に『業種』です。通信販売などの場合、新しいお客さんを作るコストは、今までのお客さんに売る費用の10～20倍くらい高くつきます。また、メーカーと卸、卸と小売店など『継続取引』の場合はもっと高くつく。月に1～2回訪問をして新規開拓できるまで2年くらいかかるなんてことも、ざらにあります。そのため、そういった『継続取引型』の業種の場合は顧客維持を優先します。

また、新しいお客さんが次々減っていく業種というのがあります。そういう場合は新規開拓が大事です。例えば、住宅。1回売ったら同じ人が2棟買うということは基本的にない。お墓も1回作ったら終わりで、結婚式などもそうです。

結婚式を執り行った半年後に『別れたからまた頼むわ』とは、ほとんど言ってきません。

中にはいるかもしれませんが。そういう1回こっきりで取引が完了し、それで終わりに近い業種を、私は『スポット型』と呼んでいます。

この『スポット型』の場合は、その人にもう一度売るのではなくて、その人と仲良くなって、人間関係を維持して、紹介してもらうようにすることが大事です。

ただ、新たなお客さんを紹介してくれるお客さんというのは、15～20人に1人くらいしかいません。積極的に人に『あそこに行きなさい』『あそこはいいよ』と言って紹介してくれるお客さんというのは、そのくらいの割合なのです。気をつけたいのは、積極的に紹介してもらえなくても悪口を言われないようにすること。『あそこはダメよ』と言われたら、そういうのは口コミで広がると怖いです。

だから、1つ目に重要なことは悪口を言われないようにすること。2つ目は、褒めてもらえるようにすること。3つ目が、紹介してもらえるようにすることです。

紹介はしてもらえなくても、悪口を言われないようにして、褒めてくれるくらいにはしておいたほうが得だということです。

『あそこに頼んだら終わりよ、あんなのやめたほうがいいよ』と5～6件言われたら、ばーっと広がってしまうから。ありますよ、こういうことは。

例えば、不動産の場合。新築してから10年ほど継続してニュースレターが届いて、1年に2～3回ほど営業担当者がご挨拶に来てくれる。

それならば悪口は言われないし、褒めてもらえます。そのお客さんの15人に1人くらいが『うちにこのあいだ来た人、住宅に関心があるみたいよ』と言ってくれれば楽です。『スポット型』のビジネスの場合は、そういう考えで、ニュースレターを出したらいいということです。

ただ、紹介をもらいたいという下心を持ってはダメです。悪口を言われないで、褒めてもらえる程度で十分と思ってやっておけばいい。それにかけるコストは決して高くありません。ただ、悪口なんてものは本人が気付かないうちに流れていくから怖いです。

新規開拓と顧客維持の割合は、業歴の古さによって変わり、だいたい5～7年でクロスします。業歴が25年、30年となると、もう95％以上が今までのお客さんで、新規は少しになる。それが当たり前です。業種によって違いはありますし、新しいお客さんを作ることは必要ですが、いずれは新規が20％で顧客維持が80％くらいのウェイトになります」

竹田陽一先生からの教えをぜひ参考にしてもらいたい。

※出典『ランチェスター経営の竹田陽一先生にいろいろ聞いてみました。』
（弊社刊特別冊子・竹田陽一監修）

せっかく開拓したお客様、いつまでほったらかしにするのですか？ 安定経営に欠かせない「1：5」の法則と「5：25」の法則

大企業と比べ、圧倒的にリソースが限られている小さな会社が安定経営をしていくために、知っておくべき重要な2つの法則がある。

それは、「1：5の法則」と「5：25の法則」だ。

1：5の法則：新規顧客獲得のコストは既存顧客に販売するコストの5倍

新規顧客を獲得するコストが、既存顧客に販売するコストの約5倍かかるという法則だ。つまり、同じ金額を投下した場合、既存顧客に販売する方が、より多くの利益を生み出す可能性が高いということだ。

5：25の法則：顧客離れを5％改善すると利益が25％向上

顧客離れを5％改善すると、利益が最低でも25％向上するという法則だ。顧客が一度離れてしまうと、再度獲得するために多大なコストがかかるだけでなく、その顧客が抱えていた潜在的な収益も失ってしまう。

ちなみに、ジャン・ストリンガー＆ステーシー・ホール著『顧客は追いかけるな！』（ダイヤモンド社）にこう書かれている。

「コンサルティング会社のベイン＆カンパニーの調査によれば、5％顧客維持率をアップさせることで、企業は利益を25～95％も押し上げられることが明らかになっている」と。

これらの法則は、新規顧客の獲得も重要だけれど、まずは既存顧客との関係性を強化し、顧客満足度を高めることに注力する方が、長期的な視点で見た場合、より効果的であるということを示している。

「社長通信」は、そんな既存顧客のフォローを主たる目的としたツールである。送り続けることで、顧客は「ほったらかしにされている」とは思わなくなる。既存顧客を大事にするやり方はいろいろあるが、まずは「社長通信」から始めてみてはどうだろうか？

第2章

A4一枚「社長通信」はこう作ろう！

全ては、あなたにとっての「いいお客様」を決めることから始まる

「社長通信」は、できるかぎりたくさんの人に届けることが大事ではあるが、実際に書くときはある1人のことを想定して書く。万人受けを狙って書くと、内容がぼやけて読者に響かなくなってしまうからだ。

その1人は、他の販促物を作るときと同様、自分（自社）にとっての「理想のお客様」を決めて、その人が読んでくれることを想定するのだ。

では、どのようにしてあなたにとっての「いいお客様」「理想のお客様」を決めるのか。

まず、こんなお客は嫌だ！　というのを箇条書きにする。例えば次のような感じだ。

・後ろ向きである

・全く経営の勉強をしない
・細かいことにケチをつけてくる
・支払いが遅れる
・業者扱いしてくる
・グチが多い
・口だけで、全く行動しない
・言い訳が多い
・金儲けのためなら何をしてもいいと思っている
・いつも時間を守らない

そして、嫌な理由を反対にして考え、置き換える。

・後ろ向きである↓前向きである
・全く経営の勉強をしない↓お金を払ってでも経営の勉強をしている
・細かいことにケチをつけてくる↓「ありがとう」と言ってくれる

・支払いが遅れる↓スムーズに支払ってくれる
・業者扱いしてくる↓対等なパートナーとして考えてくれている
・グチが多い↓前向きな発言が多い
・口だけで、全く行動しない↓行動力がある
・言い訳が多い↓できる理由を考えている
・金儲けのためなら何をしてもいいと思っている↓誠実である
・いつも時間を守らない↓時間の大切さをわかっている

この反対にした方の一覧を見て、最初に顔が思い浮かぶ人が、あなたにとっての「理想のお客様」である。

それが複数人であれば、その中でも特にそう思える人に向けて書いていく。

「理想のお客様」がニコッと笑顔になってくれるような、温かい気持ちになってくれるような、なるほど！　勉強になったと思ってくれるような内容で書いていく。

そうすることで、同じような読者の方々に「社長通信」の内容が響き、お問い合わせなどもいただきやすくなる。

「社長通信」はタイトル、メインコラム、サブコラム、プロフィールの4部構成で作る

まず、あなたに知ってほしいのは、「社長通信」の基本フォーマットだ。

1 **タイトル（あなたの社長通信の名前）**
2 **メインコラム**
3 **サブコラム（編集後記）**
4 **発行者プロフィール**

A4用紙一枚に、この4つの枠を作るところから始まる。私はMicrosoftのWordでこれを作っているが、ExcelやPowerPoint、Illustratorで作ってもかまわない。もちろん、パソコン操作が苦手な方は、手書きでもかまわない。次のページを参考に作ってみてほしい。

ちなみに、タイトルとプロフィールの中身は1回作ってしまえば、基本的に変更はない。

◆ まずは「フォーマット」を作ろう

社長通信の基本フォーマット

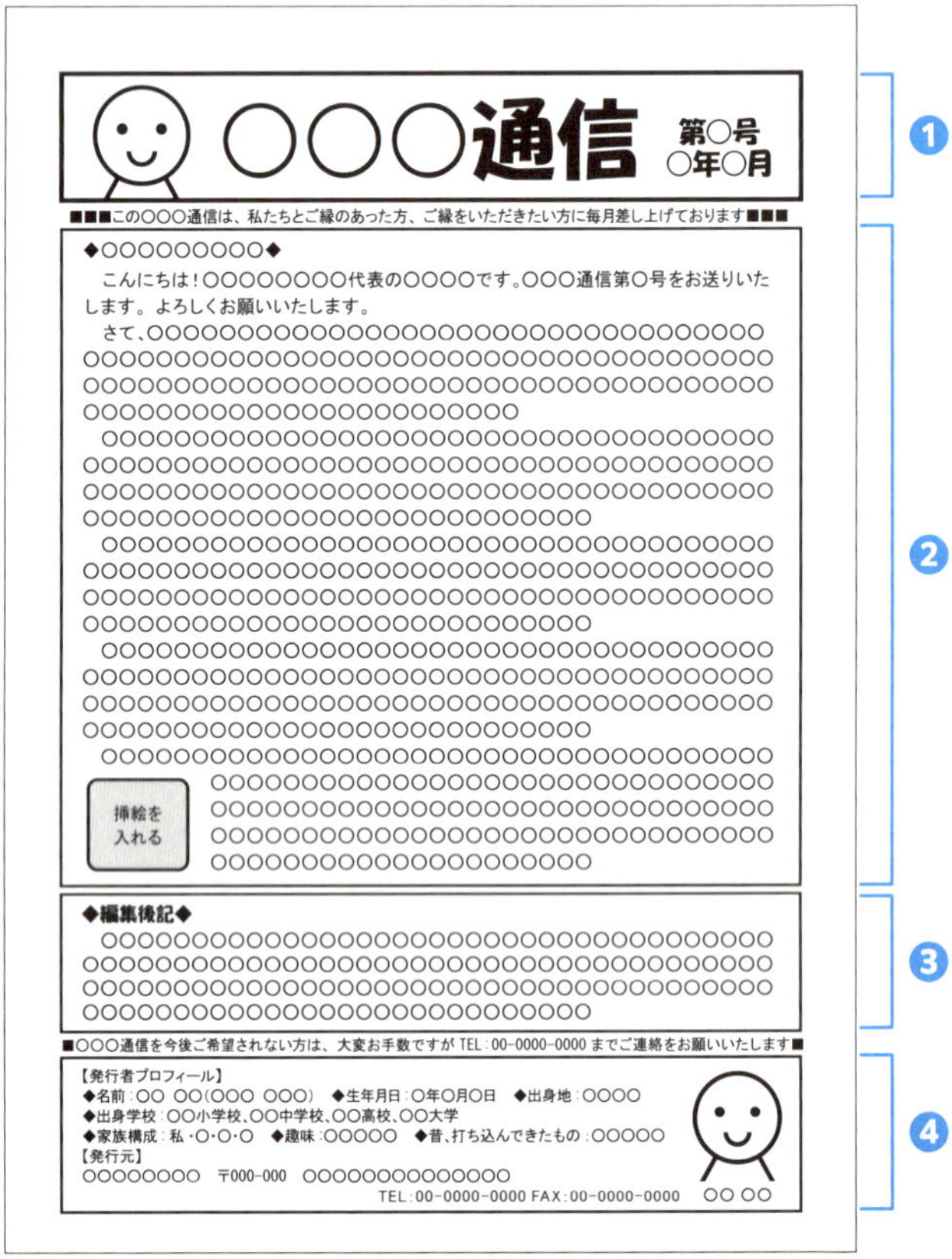

○○○通信 第○号 ○年○月

■■■この○○○通信は、私たちとご縁のあった方、ご縁をいただきたい方に毎月差し上げております■■■

◆○○○○○○○○○○◆

こんにちは！○○○○○○○○代表の○○○○です。○○○通信第○号をお送りいたします。よろしくお願いいたします。

さて、○○○

○○

○○

○○

○○○○○○○○○○○○○○○○○○○○○○○○○○○○○○○○○○○○○○○
挿絵を入れる
○○

◆編集後記◆

○○

■○○○通信を今後ご希望されない方は、大変お手数ですがTEL：00-0000-0000までご連絡をお願いいたします■

【発行者プロフィール】
◆名前：○○ ○○（○○○ ○○○） ◆生年月日：○年○月○日 ◆出身地：○○○○
◆出身学校：○○小学校、○○中学校、○○高校、○○大学
◆家族構成：私・○・○・○ ◆趣味：○○○○○ ◆昔、打ち込んできたもの：○○○○○
【発行元】
○○○○○○○○○ 〒000-000 ○○○○○○○○○○○○○○○○○
TEL：00-0000-0000 FAX：00-0000-0000 ○○ ○○

❶ タイトル（あなたの社長通信の名前）の枠

- 左側に似顔絵を入れる
- ○○○通信
  フォント：HG創英角ﾎﾟｯﾌﾟ体等
  サイズ：46～54ポイント
- 第○号
  フォント：HG創英角ﾎﾟｯﾌﾟ体等
  サイズ：18ポイント
- ○年○月
  フォント：HG創英角ﾎﾟｯﾌﾟ体等
  サイズ：16.5ポイント

❷ メインコラムの枠

- ◆本文のタイトル◆
  フォント：HGP創英角ﾎﾟｯﾌﾟ体等
  サイズ：12ポイント（※）
- 本文
  フォント：ＭＳ Ｐゴシック等
  サイズ：12ポイント（※）

❸ サブコラム（編集後記）の枠

- ◆編集後記◆
  フォント：HGP創英角ﾎﾟｯﾌﾟ体等
  サイズ：12ポイント（※）
- 本文
  フォント：ＭＳ Ｐゴシック等
  サイズ：12ポイント（※）

❹ 発行者プロフィールの枠

- 右側に似顔絵を入れ、
  その下に氏名を入れる
- プロフィールと発行元
  フォント：ＭＳ Ｐゴシック等
  サイズ：10ポイント

（掲載したい項目が多い場合は行間を狭めるなりして調整）

※：対象読者が60代以上の場合は14ポイント以上を推奨

■ ①と②の枠の間に「この○○○通信は、私たちとご縁のあった方、ご縁をいただきたい方に毎月差し上げております」等の一文を入れる

■ ③と④の枠の間に読者の方の配信停止ストレスを軽減するための一文を必ず入れる。

●読者が個人の場合

○○○通信を今後ご希望されない方は、大変お手数ですがTEL:00-0000-0000までご連絡をお願いいたします

●読者が法人でFAXでお送りし、通信に宛名も記載されている場合

今後、当通信をご希望されない方は、大変お手数ですがそのままFAXにてご返信下さいますようお願いいたします

●読者が法人で郵送でお届けし、通信に宛名が記載されていない場合

今後、当通信をご希望されない方は、大変お手数ですがお名前をご記入の上、FAXにてご返信下さいますようお願いいたします

私が、配信停止方法の記載が必要だと感じたのは、日々、大量に送られてくるメルマガがきっかけだ。

私が希望をして登録し、お送りいただいているメルマガもあるが、そんなものは5％にも満たず、それ以外は、勝手に送りつけられている状況である。

中には商品、サービスを購入・利用しただけでメルマガが送られてきて、そこまではよくあることで許容できるのだが、その後に一番困るのが、簡単に配信停止ができないことだ。

もちろん、簡単にできるものもある。メルマガの一番下に、それこそワンクリックでそのメルマガを停止できるようにしてくれているものもあり、親切だなぁと思う一方で、本当に停止方法がわからないメルマガもあり、送られてくる度にストレスを感じるし、配信停止できないことのストレスは非常に大きい。

「社長通信」に関しても不要な方は、簡単に停止できる旨を記載することがとても大事である。

あなたの顔と名前が一致する「タイトル」の作り方

タイトル（あなたの「社長通信」の名前部分）の左側に似顔絵（もしくは顔写真）が入り、中央に「名前＋通信」、右側に何年何月の第何号かがわかるようにする。

まず、似顔絵（もしくは顔写真）を入れることは非常に大事である。この「社長通信」が届いたときに、一瞬で、あなたのことを思い出してもらえるからだ。

もし、これがなかったらどうだろうか？　文字だけの通信は、大量に届くメルマガと同じになってしまい、それこそ、一瞬ではあなたの顔を思い出すことができない。せっかくがんばって文章を書いて発信するのだから、似顔絵（もしくは顔写真）を入れないことは非常にもったいない。届いたものを見た瞬間に、「あぁ、○○さんから来た」と思い出してもらえるのは、似顔絵（もしくは顔写真）を入れているからこそである。

ちなみに、似顔絵と顔写真のどちらにするかに関して、私自身は似顔絵を使っている。似顔絵のメリットは使い勝手が良く、いろんな販促媒体に活用することができる点だ。お礼状に入れることもできるし、ＦＡＸの送付状、名刺にだって簡単に入れることができる。

私が「社長通信」を作るお手伝いをさせていただいているとある工務店の社長は、「社長通信」の作成をきっかけに似顔絵を作り、その似顔絵をホームページやチラシ、名刺だけでなく、街中に出す看板にまで活用していた。

それから、「社長通信」をＦＡＸでお送りするとなったときに、写真だとどうしても黒く塗りつぶされた感じになってしまうが、似顔絵を白黒にしておけば、塗りつぶされてしまうことはない。

これまでホームページを筆頭に、様々な販促物に顔写真を多用していた場合は、使用している顔写真が広く認知されているだろうから、「社長通信」でもそのまま顔写真を活用して問題ない。

次に、中央部分に入れる「社長通信」の名前だ。私の「社長通信」は「蒲池通信」という名称だが、ここでのポイントは、読者であるお客様から簡単に覚えてもらえるものにすることだ。

その名称の付け方は、あなたの名字＋通信が基本ではあるが、例えばBtoCで「社長通信」の読者が一般の方で、柔らかい印象を持ってもらいたいのであれば、あだ名＋通信というのもありだ。例えば、「蒲池通信」ではなく、「かまちゃん通信」など。


名前＋通信の他にも、通信のところを「新聞」「便り」「レター」「ニュース」として、蒲池新聞、蒲池便り、蒲池レター、蒲池ニュースでもかまわない。

また、自分の名前よりも代々続く社名を覚えてもらいたいのであれば社名＋通信、社名＋便りなどもありだ。また、社名が長いのであればきっとお客様から略して呼ばれているはずだから、その呼称を使う。この社名バージョンであれば、社長が先々交代しても、後継者にそのままバトンタッチができる通信になる。

また、社名ではないが、その会社のマスコットキャラクターの名前＋通信という形で出し、約10年継続したのち、次の社長にバトンタッチしてからもそのままの名称で「社長通信」も引き継がれている会社もある。

小さな会社は、ロゴではなくあなたの顔で覚えてもらおう！

その昔、レオス・キャピタルワークスの代表取締役の藤野英人氏がとある講演でも話されていたのが「社長の写真の法則」である。これは有名な話なのでご存じの方もいらっしゃるかと思う。

藤野氏いわく、会社の規模や業種などは全く関係なく、ＨＰに社長の顔写真が載っている会社の株価のパフォーマンスの方が高くなる傾向があるとのこと。会社というのは商売をしており、商売というのは人と人との繋がりで成り立つもので、お客様が訪問してくる玄関（ＨＰ）に社長が顔を出さないのはおかしな話であると。

私も当然のことながら、ＨＰには顔を出しているが、「社長通信」においてもそれはやはり大事である。

会社にはロゴがあり、そのロゴは、企業や商品のコンセプトや魅力を視覚的に表現し、企業や商品を象徴するシンボルマークであるが、小さな会社にとってのシンボルマークは社長の顔である。それこそが、他社には絶対に真似ができない、真似のしようがない唯一無二のものであり、そこだけで差別化に繋がる。

また、この前の項目の最初のところで、文字だけだと大量に来るメルマガと同じになってしまう、読む前に、見た瞬間、パッとあなたのことを思い出してもらうために、似顔絵や顔写真を入れましょうと書いたが、似顔絵を入れていたおかげで、普段、なかなかお会いすることができないお客様方からお声をかけていただけたという事例もある。

それは、学校の先生向けに教材を販売している、とある会社さんである。

保健の先生や家庭科の先生に授業で使えるようなものを掲載した教材を販売している。購入してくださるのは全国の先生で、その先生方に「社長通信」を届けていた。ただ、なかなかお会いする機会がなく、夏休みなど長期休暇中にある先生方の大会ぐらいに限定される。そこで教材の販売会社さんがブースを出していて、先生方との直接の接点があるわけだが、この大会もコロナ禍ではずっと中止、もしくは、オンラインになっていた。

それが、先日、２０２４年の夏休みに久しぶりに開かれた大会にブースを出して、社長が足を運んだところ、何人もの先生から声をかけていただけたのだ。「もしかして、『○○便り』の方ですか？　いつも楽しく読んでいます！」「似顔絵の方ですよね？　そっくりですね！　いつもありがとうございます」と、その社長はマスクをしていたのにもかかわらず、似顔絵とそっくりな顔に気づいていただけて、そこにいらっしゃった読者の方々からたくさんお声をかけていただけたのだ。

もし、「社長通信」に似顔絵を掲載していなかったら、お声をかけてもらえることもあまりなかったのではないか。

ちなみに、似顔絵を作るときの注意点は、仏頂面にならないことだ。似顔絵制作会社さんに作ってもらう場合、まず、こちらから顔写真を送ることになるが、その顔写真を撮るときに、ムスッと怖い感じ、冷たい感じで撮影して、そこから似顔絵を作ってもらうと、どうしても良い印象にならない。

なので、写真を撮る段階で満面の笑みとまではいかなくても、せめて口角が上がった写真を撮って、それを元に似顔絵を作ることが大事だ。

また、似顔絵を作る上で、似ているかどうかも大事ではあるが、それ以上に大事なのが、似顔絵の本人が気に入ったものであるかどうかである。

本人が気に入っていないと、積極的に活用はしないわけで、その点、気に入っていれば、どんどん活用して、それが掲載されている「社長通信」も積極的に配るようになる。

他に、似顔絵を作るときの注意点としては、今、ランサーズやクラウドワークスなどから似顔絵を作ってくれる人はいくらでも探せるが、作ってもらった似顔絵の著作権がどちらにあるかという点である。当然、著作権を放棄してもらえる、こちらに著作権がちゃんと移行するところで制作してもらうことが大事だ。

たかが似顔絵、されど似顔絵である。もちろん、顔写真でもＯＫである。小さな会社はロゴマークではなく、あなたの顔で覚えてもらおう！

共通点があるだけで親近感を持たれ仕事も受注できてしまう「プロフィール」の作り方

一番下のプロフィールの枠には、社長自身のプロフィール、発行元を記載する。プロフィールに書くのは、氏名、出身地、生年月日、血液型、出身学校（小中高大）、経歴、趣味、特技、資格、家族構成、ペット、ゆかりの地、尊敬する人、モットー、座右の銘、個人的な目標などだ。

個人的な情報を複数書いておくことで、読者の方と共通点があれば、それだけで親近感を持たれ、仕事の受注に繋がることだってある。実際に、発行者の誕生日と読者である見込客の結婚記念日が同じだったということから仕事が決まったという報告も受けている。

出身学校については、地域密着の商売なのであれば、小学校から書いた方がよい。お客様が同じ小学校出身ということもあり得る。もちろん、地域密着ではなく営業エリアが多岐にわたる場合は、小中高を書く必要はない。大学名を書いてもいいし、大学名を書くことに抵抗があるのであれば、それを書く必要はない。
経歴のところには、大学を卒業後、〇〇に入社、〇年から代表取締役に就任と書けばそれで済む。趣味も、マニアックすぎると親近感こそ持たれないが、興味は持ってもらえる。

家族構成を書くにあたって、子どもがいるのであれば、そこに年齢、学年を加えることで、読者の方との会話に繋がりやすい。

ペットに関しても、同様だ。

個人的な目標は、真面目な感じで書くのであれば、いついつまでに〇〇の資格取得！と公言してしまうことで、読者の方からがんばっているねと思われるだけでなく、自分の尻に火がつくメリットもある。ダイエットについて書くのも有効だ。

売上だの利益だのといった目標ではなく、個人的な目標がよい。

先にあげた項目について、全てを書く必要はない。モットーや座右の銘がなければ書かなくても大丈夫だ。各項目から選んで書くようにしよう。

「メインコラム」は自己呈示、「サブコラム」は自己開示

「自己開示」と似た言葉に「自己呈示」がある。自己開示については、これまでもその大切さを説明してきたが、改めて簡単に説明をすると、「自己開示」とは、自分のことをオープンにすることである。自分自身のこと、家族のことや趣味のこと、出身地や出身学校、この前、こんなところに旅行に行ってきましたとオープンにすることが自己開示である。

そんな「自己開示」と似た言葉に「自己呈示」がある。

「自己呈示」とは、自分が相手にどう見られたいかを意識して、自分の良い面や経験、スキルなどを積極的に相手に伝えることである。

例えば、会社では社長として堂々と振る舞い、家では子どもたちの前で優しい親として接する。これは、場面に応じて役割を演じているという点で広義の意味での自己呈示と言える。人は誰でも、状況に合わせて様々な顔を持っている。

ただし、自己呈示で大切なのは、見せかけの自分を演じることではない。根底にあるのは、常に正直な自分であるということだ。

「社長通信」にはメインコラムとサブコラム（編集後記）があるが、メインコラムで自己呈示を使い、サブコラムで自己開示を使うことを意識してもらいたい。

特に、読者であるお客様にあなたがどんなことでお役に立てる人間なのかがまだ伝わっていない段階では、メインコラムでの自己呈示は必須である。

逆に、長年のお付き合いから読者であるお客様にあなたがどんなことでお役に立てる人なのか、しっかり伝わっているのであれば、自己呈示は使わずに、メインコラムもサブコラムも自己開示の形でかまわない。

例えば、私の場合であれば、私は読者の方に「社長通信」の専門家と思ってもらいたいので、メインコラムでは、それを意識して書いている。

「社長通信」を作るお手伝いをしてこんな成果が出ましたと書いたり、情報発信というものをテーマに実体験から専門家としての意見を書いたり、自己呈示を意識して書いている。

私以外の例でいうと、ある税理士さんはメインコラムでは、顧客（読者）に対して経営者はＰＬ（損益計算書）よりもＢＳ（貸借対照表）がわかるようになることが大切といったことや、客単価を上げていくためには、こういう数字の見方をして取り組んでくださいなど、経営者から相談される税理士であることを意識して自己呈示している。

工務店の社長さんであれば、台風が来そうだったら、その対策をアナウンスしたり、昨今、増えている屋根点検の飛び込み悪徳業者への注意をアナウンスする。

この人だったら、この会社だったら、私の困りごとを解決してくれるはずと思ってもらえるように、自己呈示をするのである。

もちろん、全て仕事の話題にする必要もない。普段生活している中で起きた出来事から、自分自身が専門家としてこう思う、こう考えた、こう行動したというのも立派な自己呈示になる。

メインコラムは自己呈示、サブコラムは自己開示を意識して取り組んでもらいたい。

「メインコラム」の作り方

「社長通信」の肝、メインコラムの作り方、そのポイントは次の3つだ。

・文字数は音読しても3分で読める840字程度で
・文字の大きさは基本12ポイント、対象読者が60代以上の場合は14ポイント以上で
・FAXでも文字がかすれないように字体は明朝体よりゴシック体で

文字数は音読しても3分で読める840字程度で

私は2006年5月に「蒲池通信」の発行をスタートし、今もなお基本的には同じフォーマットで出し続けている。

当初は、「メインコラム」の文字数について気にかけることもなかったが、たまたま最

初に作ったフォーマットに文章を入れていったら、840字程度になっていた。

2008年2月に独立してからも継続していったわけだが、その頃からこんな声をかけていただけることが増えたのだ。

「蒲池さんのは、さらっと読めるからいいよね」

一人や二人ではない、ニュースレターなどが紙媒体で複数届いていた方々から、「ちょっと時間ができたときにさらっと読めるから、すごくいい」と褒めていただけることが増えたのだ。私は、なるほど、長ければいいというわけではないのだなと、改めて自分のメインコラムの文字数を確認したところ、いつも840字程度だったのである。

もちろん、私がお手伝いをしているお客様の「社長通信」もこれを基本としている。

そして、この840字というのが、3分で読むことができる文字数なのだということを、私は話し方を学んだコトハナセミナー主宰、故・木下通之先生から教わったのである。木下先生は『たった2分で人の心をつかむ話し方』（フォレスト出版）の著者でもある。

コロナ禍以前、私は東京でコトハナセミナーに参加し、木下先生から話し方を学んでいた。木下先生からは「ひとつのテーマを話すのに必要なのは2分」と学び、2分で話すトレーニングを積んでいった。

とある懇親会で、私はたまたま木下先生の目の前に座った。いろいろお話をする中で、木下先生から「蒲池さんはどんなお仕事をされているのですか？」と尋ねられ、「社長通信」のことをお伝えすると、「それは何文字くらいですか？」と重ねて聞かれた。「８４０字くらいです」と答えると、「なるほど、それは3分ですね。1分２８０字だから、ちょうど3分なんですね」と、とても優しい笑顔で教えてくださった。

私はそこで、音読しても3分で終わるくらいコンパクトなものだから、読者の方々から「さらっと読める」と言っていただけるのだと納得した。

「社長通信」をスタートしようとするとき、最初はみんな気合が入っていて、書きたいこと、伝えたいことがいっぱいあって、ついつい、長く書いてしまいがちである。８４０字では書き足らず、２０００字ぐらいは平気で書いてしまう。

ただ、読者の方の立場に立てば、さらっと読めるくらいの方が、ストレスなく毎月読み続けてもらえる。

声に出しても3分で読み終える８４０字程度にまとめることが、まず基本である。

文字の大きさは基本12ポイント、対象読者が60代以上の場合は14ポイント以上で

読者の方々にストレスなく読み続けていただけるように、文字数だけでなく、文字の大きさにも注意することが必要だ。

私自身、20代の頃は文字の大きさは全く気にならなかった。コンタクトはしているが、字がどれだけ小さくても、特別ストレスに感じることはなかった。30代後半になった頃から、まず夕方になると視野がかすむと感じるようになった。その後、近くのものが見えづらくなる症状も出てきて、小さすぎる文字は、読者の方に大きなストレスになるということを強く思うようになった。

もともと、文字のサイズは12ポイントにしており、それで問題はなかったが、想定する読者層が60代以上の場合は、14ポイント以上にすることが必要である。

FAXでも文字がかすれないように字体は明朝体よりゴシック体で

「社長通信」の文章のフォントは「ＭＳ Ｐゴシック」を使用している。これも、私が「蒲池通信」の発行をスタートしたときに、たまたまこのフォントを使っていたところから始まるが、その後、すぐに明朝体よりゴシック体を使う方が好ましいことに気がついた。そ

れは、ＦＡＸで送る場合が特にそうだ。

明朝体とゴシック体の大きな違いは、その文字となる線の幅だ。

明朝体は、横線と縦線の幅が異なる。横線は細く、縦線は太い。その点、ゴシック体は縦横の幅が均等である。

そのため、相手先のＦＡＸの性能にもよるが、明朝体では、横棒が細すぎて消えて読みにくくなる可能性があるのだ。

「社長通信」を郵送ではなくＦＡＸ送信を基本とするのであれば、ゴシック体を選択しよう。

【文章の書き方 その1】あなたの実体験を4行日記で書く！

ここではメインコラム、８４０字程度のまとまった文章を書くためのノウハウ「4行日記」を紹介する。

「4行日記」は教育学博士・経済学博士の小林惠智さんが提唱されたもので、『一日5分奇跡を起こす4行日記』（オーエス出版）に詳しく書かれている。以下に一部を引用する。

「『4行日記』とは読んで字のごとく、4行で完結する日記です。日記とは思いつくまま自由に過去の出来事や感想を書くもの。そういう認識がきっとあなたにはあることでしょう。しかし、4行日記は常に『事実』『気づき』『教訓』『宣言』の4行構成です」

事実：その日の出来事で心のアンテナが反応したことを一つ選ぶ
気づき：「あっ、そうか！」と、ひらめいたことを書く
教訓：気づきから学んだこと
宣言：「ありたい姿」を力強く断言

なぜこの4行日記が文章作成に繋がるのか。

そのことに初めて気がついたのは、2008年に私が「社長通信」（旧・個人通信）の作成代行事業をスタートし、最初のお客様になってくださった方との事前お打ち合わせを翌日に控えたタイミングであった。

私は、お客様に対してインタビューをした上で、私が文章を作成代行しますということを説明するつもりだったのだが、その場でインタビューをしてスムーズに話していただけるものなのか心配していた。

現在は事前に準備をしていただかなくても、短時間でネタを聞き出すことができるようになったが、当時はその自信がなく、何かインタビューシートのようなものを作って、事前にそれに書いておいていただく方がいいのではないかと考えた。

ただ、初めてのことで、どのような項目を入れたインタビューシートを事前に書いてもらえば当日のインタビューがスムーズにいくのか、完全にゼロから生み出さなければいけなかったので、頭を悩ませた。

翌日にはお客様のところに行って説明をしなければならない。どんなインタビューシートにすればいいのか、考えに考え、これまで自分が営業マン時代に出していた「蒲池通信」をフローリングの床に広げ、ひとつひとつ読み返しながら、ずっと考えていた。すると、ふっと降りてきたのだ。

「もしかして、これって4行日記になっていないか?」

これまで自分が書いてきた「蒲池通信」のメインコラムの文章が、4行日記になっているのではないかと、ふと思ったのだ。改めて読み返してみると、どれもが当てはまる。

あらためて4行日記のことを調べ、確認し、それをベースにしたインタビューシートを作った。

「事実」「気づき」「教訓」「宣言」を、よりわかりやすくしようと、「事実」「発見」「教訓・学び」「宣言」にアレンジし、それを事前に書いてもらう形にしたのだ。

そして、翌日の打ち合わせでそれを説明。後日、対象者にこのインタビューシートを事前に書いていただいてからスタートしたところ、当日のインタビューがとてもスムーズに進んだだけでなく、文章も書きやすかった。

この4行日記を使った文章作成ノウハウはセミナーでもとても好評で、「4行日記のおかげで文章が書けるようになりました！」というお声を多数いただいている。

それでは、この4行日記を使って社長通信のメインコラムの文章を仕上げていくステップを説明する。（＊現在はさらに進化し、「事実」「発見」「教訓・学び」「宣言 or 問いかけ」になっている）

❶ネタの収集

まずはネタの収集から始まる。4行日記を毎日書くことがベストではあるが、そこまでやらなくても大丈夫。ただ、日々生活している中で、日々仕事をしている中で、ちょっと嬉しかったこと、ちょっと感動したこと、ちょっと驚いたことなど、心がプラスに動いた印象的な出来事を手帳などにメモしておく。スマホやPCにメモを残してもいいし、手帳でもいい。気をつけたいのは、どこにメモしたかを忘れないようにすることだ。だから、メモを残す場所は統一しておいた方がいい。

❷ 4行日記で書く

書きためてきたメモを見返して、その中でも特に印象に残っていることを選び、それを4行日記にする。ちなみに、その月の「社長通信」に書くことができるネタは1つだが、どうしても書きたい、伝えたいというネタが複数ある場合は、他は翌月に持ち越すというのもアリだ。

❸ 1行ずつそれぞれ具体的に書いて文章にする

先ほど書いた4行日記について、それぞれ具体的に書いていき、それらを繋げて840字程度のまとまった文章に仕上げる。

ポイントは「事実」のところで、あなたがどんな体験をしたのか、読者が追体験できるように、その場面が読者の頭の中に思い浮かぶように丁寧に書いた上で「発見」「教訓・学び」「宣言 or 問いかけ」へと繋げていこう。

【作成事例】タイトル：ＡＩに仕事を奪われないために

・事実…対話型AIサービスをはじめて使ってみた
・発見…対話型AIはすごいが人間味がない
・教訓・学び…AIに仕事を奪われない鍵は人間味
・宣言or問いかけ…今こそ人間味が伝わる「社長通信」を活用されてはどうか？

■事実

さて、長男（小4）の夏休みの宿題のひとつに自由研究がありました。テーマが思い浮かばない様子だったので、AIにヒントをもらおうとPCを開き、最近話題の対話型AIに指示を出しました。「小学4年生の自由研究のテーマを10個あげて」と。すると、わずか数秒で返答があり、そこからヒントを得てすぐに自由研究のテーマが決定しました。

長男に「このAIは基本的にはなんでも答えてくれるけど、何か知りたいことある？」と聞くと、とても興味を持ち、宿題そっちのけでいろいろ聞いたり指示を出したりしました。「カマキリの中にいるハリガネムシは昆虫なの？」「ダジャレを10個考えて」「エモイってどういう意味？　小学生でもわかるように教えて」など。どんなことにもわずか数秒で返答してくれて、その上、対話がとっても自然です。

■発見

後日、私は仕事で活用できないかといろいろ試していたのですが、そこでふと思いました。「ちょっと人間味がないなぁ」と。当たり前のことですが、純粋にそう思ったのです。「人間味」を辞書で引くと「人間としての豊かな情緒。また、人間らしい思いやりや、やさしさ。人情味」とあります。

ＡＩと対話をしていると、その自然なやり取りからあたかも本物の人間とやり取りをしているかのような錯覚に陥るのですが、ただ、その回答の端々からドライと言いますか冷たいと言いますか、人間っぽい対話はできるけど、人間味はないんだなぁと思わされます。

■教訓・学び

ところで、ＡＩによって様々な仕事が奪われるといった記事を、数年前からよく見るようになりました。どうすればＡＩに仕事を奪われずに済むのか、いろいろ意見がありますが、私はＡＩが持っていない〝人間味〟というのがひとつの鍵になるのではないかと思いました。

■宣言or問いかけ

「社長通信」は社長の人間味を伝える絶好のツールです。ＡＩ全盛の時代だからこそ、「社長通信」を活用されてみてはいかがでしょうか？

【文章の書き方 その2】会社の取り組みを「現在→過去→未来」で書く！

心がちょっとプラスに動いたことをメモして4行日記にするやり方はわかった。ただ、本当に毎日仕事で忙しく、あっという間に1ヶ月が過ぎ去り、今月はネタがない！という場合は、会社の取り組みを紹介してみよう。

職場環境を良くするための環境整備や、社員さんたちに自主性をもって取り組んでもらうための委員会活動、良い人材を採用するための活動や、社員教育関連のこと、他にもちょっと変わった会議や、社員さんたちからアイデアを募る取り組み、読書マラソンや地域の清掃活動などなど……。

特に業歴が長い会社であれば、お客様から長く選ばれるいい会社であり続けるために、様々な取り組みをされているはずであり、せっかくいいことをやっているのだから、それを「社長通信」で紹介することはプラスにしかならない。

ちなみに、会社の取り組みを題材にして書く場合には、①現在→②過去→③未来の流れ（構成）で書くと書きやすい。

❶現在、取り組んでいる内容
❷過去、この取り組みを始めたきっかけ（背景）
❸未来、これからも力を入れていきたい

【作成事例】タイトル：早期離職を防ぐために

■現在

働き手不足、採用難と言われて久しいですが、実はここ半年で弊社に3名の中途社員が入社してくれまして、日々、一生懸命働いてくれています。

そんな中途採用について、実は数年前から早期離職を防ぐための取り組みをしています。

実際、それを始めてから早期での離職者が出ていません。その取り組みは、採用前面談というものです。

まず、会社を見学してもらい、興味を持ってもらえたら面接です。そこで本人に就職したい意思があり、私たちも採用したいと思ったら、次に採用前面談です。

これは居酒屋で実施します。弊社の社員3人と入社希望者1人で食事をし、そこで本当の最終の意思確認をします。弊社の社員3人は、ベテランと中堅と若手。そこで私たちの良いところも悪いところも全て正直に伝えます。それでもなお入社の意思があるか確認をするのです。

そこで「やっぱり辞退します」という人も出てきますが、全く問題ありません。むしろ、未然にミスマッチを防ぐことができた形になります。

この採用前面談は3ヶ月の試用期間中にも再度実施し、5年、10年と続けていく意思があるかどうか、ここでがんばっていこうと思っているかどうかの確認をして、正式に正社員となります。

■過去

なぜこんな取り組みをしているのか。それはかつて私たちの会社でも早期離職が多かったからです。そこで私は面接に来る人たちに聞いてみたのです。誰もが知る大手企業をどうして数年で辞めてしまうのか。すると、大半の人が「説明会や面接で聞いていた話と違ったから」と言い、ミスマッチが起きていることがわかりました。

だったら、いい顔をしてうちに来てもらうのではなくて、全部オープンに正直に話して、それでもうちに来たいと言ってくれる人に来てもらおうと思い、これを始めました。

■未来

これからも、早期離職を防ぐための採用前面談の取り組みは、続けていこうと思います。

文章を書き終わったら内容に合った挿絵を入れる

メインコラムを枠に入れたら、その左下に本文に関連する挿絵を入れる。

挿絵を入れることで、柔らかく、とっつきやすい雰囲気をもたらすだけでなく、パッと見ただけで、どんなことを話題にしているのかが伝わりやすく、読者が理解を深める手助けとなる。

挿絵は、今は著作権フリーで使えるサイトがたくさん存在する。

ちなみに、私が今よく利用させていただいているサイトは「イラストＡＣ」さんである。

「社長通信」に書いてはいけないテーマ

「社長通信」に書いてはいけないテーマ、避けた方がいいテーマもある。主なものは次の9つだ。

❶売り込み

「今ならお得です！　買ってください！　申し込んでください！」という押しつけはいけない。

商品の開発ストーリー、あなたの会社のサービスを利用してくださったお客様からの喜びの声などは、商品・サービスの良さを伝えるために、むしろ載せるべきテーマであって、これは売り込みではない。

❷ 反面教師（不平不満）ネタ

例えば、とっても美味しいと評判のラーメン屋さんに行ってみたところ、接客が全然なっていなかった。もしくは、こちらにはニコニコとした笑顔で接客しているのに、スタッフに対しては目の前で叱りつけていて、だから自分はそういうことをしないようにしようと思うといった反面教師ネタはあまりよくない。

素晴らしく感動的な接客を受けた！　だから、自分たちもそんな接客ができるようになりたいと、プラスの話題からの方が読み手を不快にさせないから賢明である。

ただ、びっくりされるくらいのハプニング、アクシデントであれば、こんなことがあって大変でした！　と書けるので、そのネタは使える。

❸ 自慢話

これは説明するまでもないが、自慢話を聞かされて嬉しいと思う人はいない。ＳＮＳでもよく見かけるが、高級車に乗っている、高級レストランに行った、海外旅行に行って高級ホテルに泊まっている……、別にそれ自体はかまわないが、わざわざそんなことを言う必要はない。

また、本人は自慢と思っていなくても自慢と思われてしまうようなこともあり、そこは注意が必要だ。

例えば、お庭のリフォームであるガーデン・エクステリア、その会社が工事をしたお客様のお庭が、某業界のコンクールで受賞したとしよう。それを単に、受賞しました！と書いてしまうと自慢になってしまう。なので、受賞したことはシンプルに報告しつつ、そのために仕事をしているわけではないこと、これからも、ひとりひとりのお客様のために仕事をしていきたいということをしっかり書き添えることが大事である。

それから、気をつけたいのが、子育て、育児を話題にするときである。世の中には不妊治療をしている方々も多い。私自身もなかなか子宝に恵まれなかったし、私の親友も長年、不妊治療をしていた。

だから、子育てエピソードを書くにしても、単なるハッピーな話題に終始してしまうのではなく、そこに苦労があることもちゃんと書く。子どもがこんなこともできるようになりました。でも、まだ夜泣きが大変ですとか、そういったことまで書く。それくらいの配慮が必要である。

❹ニュースや新聞で見たそのままの内容

これは本当につまらない内容になってしまうので、やってはいけない。書くネタがないからといって、Yahoo! ニュースなどからコピーして貼り付けるなど、絶対NGである。新聞に載っていることやテレビのニュース番組等で見聞きしたものを、そのまま書くのもダメだ。「社長通信」には、あくまで、自分の実体験を書くことが大事だ。ニュースや新聞に載っていることをそのまま書くのは、言ってしまえば、だれでも同じように書くことができてしまい、おもしろくない。そこに感想を書き加えれば、自分だけの内容になるのでは？という意見もありそうだが、それもダメだ。とにかく記事の大半が、どこかからのコピペではおもしろくないのである。

もし、気になるニュースがあったとして、それを題材にして書くのであれば、まず、こんなニュースがありましたという概略を簡単に説明して、その後に、自分にしか語れないエピソードを書く。例えば、海外でこんな事件がありました。実は私自身、何年前にちょうどその場所に行っていたことがあって……と、あなたにしか書けないことを書く。ただ単にニュースや新聞で見聞きしたことをそのまま掲載してしまうと、読み手がどんどん離れてしまうことになる。

❺うそ

完全にNG。話を多少盛る分にはいいけれど、行っていないのに行ったと書く、やっていないのにやったと書く、こんな話を聞いたと、聞いていないのに書くのはNGである。見る人が見れば簡単にバレてしまう。

❻ライバル他社批判

これもやめた方が良い。どこで誰が読んでいるかわからない。もしかしたら、そのライバル他社に友人知人が勤めている読者もいるかもしれない。そこから話が流れることだって可能性としてはゼロではない。

ライバル他社について思うところはあっても、「社長通信」内でわざわざ書く必要はない。ライバル他社に勝ちたいのであれば、他社をこき下ろすのではなく、自社を選んでくださったお客様に、どうして数ある会社の中から私たちを選んでくださったのか、しっかりお客様の声取材をした上で、そのお声を紹介する。お客様がこういったことで私たちを選んでくださいましたとリアルなお声を掲載し、そして、これからも私たちはこういったことを大事にしていきたいと思うと書く。目の前のお客様に集中しよう。

❼ 政治、宗教、下ネタ

これは「社長通信」に限らず、多くの人に発信するときは控えた方がいいテーマだ。わざわざ説明をする必要もないだろう。

❽ 長すぎる記事

「社長通信」内のメインコラムは、８４０字程度を基本としている。文章は長く書くことは簡単であり、それをコンパクトに縮めて編集していく方がよっぽど難しい。

話が長い人は嫌われるが、それと同じだ。だらだらと長すぎる文章は、読者に読む目を持ってもらえないのだ。

❾「つづきは次回！」

ひとつの話題について、これを1回で終わらせるのはもったいないという思いから、結論は書かず「つづきは次回！」とするのは良くない。

ブログのように毎日書いているもの、もしくは、毎週書いているものであれば、続きを楽しみに待つことはできるかもしれない。『週刊少年ジャンプ』だって、1週間だから続きが待てた。テレビドラマだってそうだ。

「to be continued」が1ヶ月後だとしんどい。結論が書かれておらず、読者にはモヤッとした不快感しか残らない。同じようなテーマを何回か連続で書くにしても、あくまで1回ごと完結させることが大事だ。

読者に親近感を抱かせる「サブコラム」の作り方

サブコラムは編集後記のような役割を果たす。編集後記とは、雑誌や書籍の最後に編集者が読者に向けて書く短い文章のことで、決まった形式はなく、自由に感じたことや伝えたいことを書くことができる。

自己呈示を意識したメインコラムよりもっと個人的なことを自己開示を意識して書くところで、読者との距離が縮まり、親近感がわく。

そのサブコラム（編集後記）は２００字程度で書くわけだが、どんなことを書けばいいかと言うと、ちょっとした日記だ。仕事よりはプライベートのこと。切り口は、家族のことや自身の健康（ダイエットやトレーニング、休肝日、健康診断）のこと、趣味、ペット、どこかに出かけて嬉しかったこと、驚いたこと、実はこの前こんなことがありました！

というもの。

私自身、子どもができてからは家族ネタが多く、最近は次のような編集後記を書いた。

「先日、長男（小4）と次男（年長）を連れて木下大サーカスを観てきました！　妻も行く予定だったのですが、当日、体調不良で行くことができず、私が一人で二人を連れて行くことに。私たちは平日に行ったのですが、春休みの時期ということもあって超満員。事前に指定席のチケットを購入しておいたおかげで入場できました。あっという間の2時間。難しい技が成功したときに、口を開けて驚き、全力で拍手を送っていた息子たちの姿がとても印象的でした」


「先日、次男の小学校の入学式がありました。4年前、2020年4月7日、同じ小学校で長男の入学式がありましたが、その日は緊急事態宣言が出された日で制限付きの入学式でした。先生、入学生、保護者の全員がマスク着用。そして、わずか15分で終了し、そこから約2ヶ月、学校が休みでした。あれから4年。今年の入学式にもちろん制限はなく、そして、その翌週の月曜日から登校しています。4年前を思い出し、平時であることの有り難みをとても感じた入学式でした」

もちろん、嬉しかった、楽しかったといったハッピーニュース的なことだけでなく、スマホを落として画面が割れてしまった、ぎっくり腰になってしまったなどのトホホエピソードもありで、実際、私自身、ぎっくり腰ネタが定番化してしまっていて、ちょっと心配になっている。

メインコラムよりもずっと柔らかい感じに書くところなので、実はこちらのコーナーを楽しみにしている読者の方もけっこういる。

体験談を書くべき3つの理由

「社長通信」に書いてはいけないテーマのひとつに、「④ニュースや新聞で見たそのままの内容」を挙げた。

ここではあなたが体験談を書くべき、3つの理由を紹介する。

❶ おもしろい

どこかのネットニュースをただ単にコピペしたものではなく、あなたならではの体験談の方がおもしろいのは、読んでいる人が追体験できるからだ。

人それぞれ違う経験をしているため、読む人にとって新しい発見がたくさんあり、おもしろさに繋がる。

❷伝わる

ただ単に起きた事実を書くだけではなくて、そのときの気持ちや状況を丁寧に綴ることで、読んでいる相手も、まるでその場にいっしょにいるような気持ちになって伝わる。

私自身の例で言うと、「2008年2月に独立した当初は本当に大変だった」と書くだけでは何も伝わらないが、これを次のように書いたらどうだろうか？

「2008年4月28日、夕方6時過ぎ。池袋のとある居酒屋さんで、私は先輩経営者の桑島社長にさんざん叱られ、悔しさと自分の不甲斐なさから泣いていました……。

私は大学を卒業後、船井総合研究所に入社し、3年後都内の社員教育会社での2年を経て、2008年2月4日、27歳で独立。サラリーマン時代、独立前の最後の年は生活費以外のほぼすべてのお金を起業のための勉強やセミナーなどに費やし、プライベートの時間の大半もそこに投入してきました。そして満を持して、これまでとはまったく違うネットを使った営業研修事業をスタートさせたのです。

集客のために小冊子を作り、業界新聞に広告を出し、知人からもたくさん営業先を紹介してもらい、『これはすぐ軌道に乗るぞ』と意気揚々としていました。しかしです。これがまったくもってうまくいきません。前職からお客様を1社も持っていかなかったこともあり、お客様はゼロ。さらに追い打ちをかけるように、あてにしていた大手銀行からの融資が最後の最後で断られ、現金があっという間に生活費残り2ヶ月分というところまできていました。私は大きな不安とストレスから、生まれて初めて不眠症になり、顔が痙攣で引きつるようになっていました。そんな中、２００８年4月28日、池袋に会社を構える先輩経営者の桑島社長のところに相談に行き……」

こちらの方が相手に伝わるのではないだろうか？

体験談をあなたの言葉で丁寧に綴ることで、ずっと伝わるようになる。

❸ 会話が広がる

体験談の共有で、読者の方との会話が広がる。

例えば、「社長通信」の中で、家族でキャンプに行ってきたことを書いたとする。すると、読者の方とお会いしたとき、電話で話すとき、メールでやり取りをするときに、「そういえば、この前、キャンプに行ってきたんですよね？」と、読者の方から話題を振ってもらえ、会話が広がることがある。つまり、営業におけるコミュニケーションがとてもスムーズになるのである。

コロナ禍でどこにも出かけられない中でもネタ切れしなかったワケ

「社長通信」には体験談を書くことが大切だと伝え続けてきたが、2020年からのコロナ禍で、外に出かけて何かを体験するということが難しくなってしまった。どこにも出かけられないとなると、書くネタに困ることになりそうだが、「社長通信」の作成をお手伝いさせていただく社長さんたちは、誰一人としてネタ切れを起こさなかった。

密を防ぐために出社体制を変更しました、リモートワークができるようにこんなシステムを導入しました、消毒液や検温についてはこのようにしていますなど、そのときどきで会社としてできること、取り組んでいったことを具体的に書いて発信していったからだ。

どんな状況下でも、より良い会社にしていくための取り組みをやめなければ、ネタ切れにはならない。

【応用編】Ａ４二枚版にするなら、こんなコーナーを追加しよう

「社長通信」をＡ４二枚版（両面）にするのであれば、こんなコーナーを追加するのもありだ。

❶おすすめの一冊（本）

私自身、「蒲池通信」をスタートしたときから設けているコーナーだ。

昔からビジネス書を大量に読んでおり、毎月、おすすめの一冊をこちらで紹介してきた。人気コーナーの一つで、「蒲池さんが紹介してくれた本をよく買っています！」といったお声をいただくこともある。

その影響力、メディアとしての力を感じてくださった著者の方々から「蒲池通信の中で私の本を紹介してくれませんか？」というオファーをいただくことも増えている。

ただ、私としては「蒲池通信」の信用を絶対に落としたくないので、私が実際に読んで

みて、おもしろい、かつ、「蒲池通信」の読者の方におすすめできるというものしか、ご紹介していない。お金を払うからと言われても、ここを譲ることはないだろう。

❷おすすめのお店

主に、おすすめの飲食店である。どういうきっかけで知って、どんなものが特に美味しく、また、どんな人におすすめか。接待向きか、家族向きか。

もちろん、飲食店以外も可能で、例えば、パーソナルトレーニングのジムも、ここに通っているおかげで体の調子がいいのであればおすすめできるし、ネットショップでここはおすすめ！　と思えばそのサイトを紹介してかまわない。

地域密着の商売をされているのであれば、遠方のお店よりは、近くのお店をご紹介することで、その紹介されたお店の方にも喜んでいただくことができる。実際、ある社長がお店を紹介したところ、その「社長通信」がそのお店の店内に貼られていたケースもある。

❸おすすめの一本（映画）

映画好きの方であれば、映画をご紹介するのもアリだ。最新の映画ではなくても大丈夫。

どういうきっかけでその映画を見たのか、映画のあらすじの紹介と、どんな人に見てもらいたい映画なのかも書く。配信等で見ることができる映画を紹介してもいい。

❹スタッフのハッピーニュース

これは、複数のスタッフさんが似顔絵や顔写真入りでハッピーニュースを掲載するコーナーである。例えば、5～6人が登場し、ひとり100字程度のハッピーニュースを掲載する。お客様との会話の中でそのニュースが話題にあがることもあり、お客様とのコミュニケーションをスムーズにする。

「社長通信」はお客様やお取引先様だけでなく、社内のメンバーも読むので、同僚のハッピーニュースがきっかけで、社内コミュニケーションの円滑化にも繋がる。

❺スタッフのつぶやき

ハッピーニュースとして100～200字書くのは負担が大きいということであれば、このつぶやきコーナーがおすすめだ。

社長がお題を出して、それに対して、一言つぶやく。例えば、季節が夏であれば「これまでの人生の中で特に記憶に残っている夏の思い出は何ですか？」とか、12月のクリスマスシーズンであれば、「もうすぐクリスマスですが、記憶に残っているプレゼントは何ですか？　もらう方でもあげる方でもどちらでもかまいません」とか、3月の卒業シーズンであれば、「あなたが今、卒業したいもの、卒業したいことは何ですか？」などお題を出して、それに対して、スタッフさんが、似顔絵もしくは顔写真から吹き出しを付けて一言、それこそ10～20字で答える。これであれば、スタッフさんの負担もほとんどない。

❻ 活動報告

会社内の取り組みを紹介するコーナー。例えば、工場内でこんなところを改善しましたとBefore→Afterを写真付きで紹介したり、新入社員の入社式、採用活動で合同企業説明会に出展してきた、社内の業務効率化のためにこんなシステムを導入しましたなど、最近の取り組みを紹介する。

❼ Q&A

お客様から実際にいただいたご質問と、それに対する回答を書くコーナー。

現場でどのような質問が来ているのか、この際、一度、集めてみるのも有効だ。また、このコーナーを継続していくことで、そのままHPにQ＆Aのコーナーを設けることもできるし、すでにQ＆Aのコーナーがあるのであれば、そこから「社長通信」の方に転載してもいい。

❽お知らせ（お仕事の受け付け状況等）

私自身、「蒲池通信」の中で、お仕事の受け付け状況をお伝えしている。これから依頼しようか検討されているお客様の、「今問い合わせて仕事を受けてもらえるだろうか」といった不安を払拭するために、私の場合はそれをHPに掲載するだけでなく、「蒲池通信」内でもお伝えしている。

また、夏季休暇や年末年始の営業時間のお知らせ、新商品・新サービスが出たときには、ここで簡単に紹介するのもアリだ。他にも、セミナーや講演、勉強会をする予定があるのであれば、その日程等をお知らせするのも有効だ。

第3章

A4一枚「社長通信」はこう使おう！

「社長通信」の届け先リストを作る！

まずは、「社長通信」の届け先リストを作る。今後も仲良くしたい、いい関係を築いていきたいという人や会社のリストだ。もうこの人、この会社とは関わりたくないという相手はリストには入れない。これがまず大前提としてある。

一般的にリストと言われてまず思い浮かぶのが、これまで自社の商品やサービスを買ってくれた購入者リスト、いわゆる既存客リストだが、「社長通信」の送り先は、既存客リストにとどまらない。未購入者（見込み客）リストも届け先リストに入る。

資料請求をしてくれた、説明会に来てくれた、展示会に来てくれた、お問い合わせをしてくれたなど、自社の商品・サービスに興味を持ってくれた見込み客フォローのため、届け先リストに入れる。

また、既存客や見込み客以外にも、直接のお客様ではないが、自社にお客様をご紹介してくださる方へもお送りする。ここは意外と抜けがちだから気をつけた方がいい。

以前、「社長通信」を作るお手伝いをさせていただくことになった、お仏壇や墓石を取り扱う会社の社長さんからこんなことを言われた。

「蒲池さんの『社長通信』はすごくいいツールなのはわかるんだけど、うちの商品はリピートしないんだよね。お仏壇もお墓もそんなに壊れるものでもないしさ。それでどう活用すればいいかずっと考えてて、お寺さんに送ればいいんだって、わかったんだよね」

お仏壇もお墓も高額商品で、基本的には１回購入したらリピートはない。だから購入者にお送りするのは違うかなと思われていたとのこと。ただ、お寺さんは自社にお客様を紹介してくださる存在で、そのお寺さんとの関係維持・強化のために「社長通信」を活用したいと思われ、発行し続け、かれこれ10年になる。その効果もあって、良好な関係が維持できている。

あなたが取り扱う商品・サービスがリピートのないものなのであれば、お客様を紹介してくださる方がいるかどうか。そこにも目を向け、リストを作る必要がある。

もちろん、既存のお客様がご紹介してくださる流れができているのであれば、リピートはなくても既存のお客様との関係維持・強化のために届け先リストに入れる。

ちなみに、リストは何件くらいあればいいのかについては、多ければ多いほどいいというのが答えではあるが、ただ、特に郵送の場合は送料との兼ね合いもあり、そのあたりは、既存客フォロー、見込み客フォロー、いわゆる顧客維持に会社としてどれだけ費用をかけるのかという経営判断になる。

「うちは小さな会社で、まだ始めたばかりだからリストもそんなにない」という場合も、大丈夫だ。

私のお客様の中には、届け先リストが20～30件のところも存在する。もちろん、多いところは数千件にお送りしているが、それは業歴や会社の規模にもよるわけで、リストは今から地道に増やしていけばいい。私自身も「蒲池通信」の送り先リストを今でも地道に増やし続けている。

もちろん、届け方を店頭手渡しだけにされている場合は、リストを作る必要はない。

また、毎月、定期的に関係先に見積書や請求書、他に何かお送りしているものがあるのであれば、そこにそのまま同封するという形でもかまわない。

この届け先リストについて、今の商売に繋がるかどうかも大事だが、私が「今後も仲良くしていきたいと思える相手かどうか」と伝えているのには大きな理由がある。

ここはとても大事なところなので、飛ばさずゆっくり読み進めてもらいたい。

今、商売に繋がらない相手にもお送りする理由、それは将来の自分、将来の自社を助けるためだ。

将来的に今とは違った分野の新商品、新サービス、新事業を始めることになる可能性はゼロではないはずだ。

当然、その新しいことを始めるには大義名分が必要ではあるが、完全に新しい分野でスタートするとなったときに、話だけでも聞いてくれる相手がどれだけいるか、ここは非常に大きい。

例えば、今、私は「社長通信」の作成代行をメイン事業としているが、将来的に、もし、保険を取り扱うことになったら、もし、車の販売をすることになったら、もし、○○という新しい分野のものを取り扱うことになったら……。

「社長通信」内で、こういう背景があり、こういったものをこれから始めることになりましたとお伝えし、ぜひ一度、お話だけでも聞いてくれませんかとお願いしたときに、何年にもわたって「社長通信」を送り続け、関係ができている相手であれば、話だけなら聞いてあげるよと言ってもらえるのではないか?

こういった「話だけでも聞いてくれる相手」が完全にゼロの状態から新しいことを始めるのと、何人もいる状態からスタートできるのとでは雲泥の差だ。

かつて、私が営業マン時代に始めた「蒲池通信」は、２００８年１月をもって終了する予定だった。

その会社を退職し、２月に独立することになっていたからだ。

そこで、私は２００８年１月に発行の「蒲池通信」を最終号とし、その中で、今までありがとうございました、今月で会社を辞めて独立します、今回で最終号ですということを手書きで書いて発行した。

すると、何人もの読者の方々から、「蒲池通信」だけは続けてほしいという連絡が来たのだ。私は、独立するにあたって顧客は持って行かないと決めていたので、どうすればいいかと困ってしまったのだが、当時勤めていた会社の社長に相談したところ「それくらいならいいんじゃないか。別にお客を持って行くわけじゃないから」と快く「蒲池通信」の継続を許可してくださり、独立後もそのまま継続していくことになった。

最初にやろうとした事業がうまくいかず、生活費残り2ヶ月分のどん底に落ち、そこから「社長通信（当時、個人通信）」の作成代行に切り替えた際、自分が送っていた「蒲池通信」の中で、実はこういったものの作成代行を始めることにしましたと告知したところ、なんと3人の社長がご契約してくださったのだ。

私は独立した当初、この作成代行事業をやることになるとは全く思っておらず、ただ、送り続けてきたおかげで、聞く耳を持ってくれる相手がいて、興味も持ってもらえ、命拾いをした。

こういった経験から、今の商売に繋がらない相手だとしても、基本的には広く多くの方にお送りするように、それが将来の自分、将来の自社を助けることにもなるからと、お伝えしている。

届け方は「FAX」「郵送」「手渡し」が原則

「社長通信」は、相手に紙で届くことを基本としている。だから、届け方は「FAX」「郵送」「手渡し」が原則となる。

なぜ紙で送るのか、それは主に次の3つの効果が得られるからだ。

1 「回覧」効果

法人のお客様の場合、社内で回覧をしてもらえるというケースが多くある。

相手先の特定の人に「社長通信」をお送りしているわけだが、その事業所で回覧されれば皆があなたのことを知ってくれることになるのだ。

ちなみに、私がその効果を最初に感じたのは、「蒲池通信」を始めて一年ちょっと経った頃である。

私はそのときに勤めていた会社を辞めるため、上司に私のお客様を引き継いでいた。千駄ヶ谷のとある中堅企業さんにお伺いしたときに、こんなことがあった。

引き継ぎのためにお時間をいただき、応接室に通された。先方は副社長と総務部長が対応してくださったのだが、そのときにこう言われたのだ。「蒲池さんはうちの会社で一番の有名人だからね」と。私がＦＡＸで毎月送っていた「蒲池通信」をどうやら社内で回覧及び掲示までしてくださっていたようなのだ。


また、独立してからとあるお客様を訪問したところ、突然、事務員さんから話しかけられ、こう言われた。「蒲池さん、財布まで取られちゃったんですか？」と。

実はそのとき、私は「蒲池通信」で、置き引きの被害に遭ったことを書いていたのだ。こちらでも回覧されていたことがわかる。


これが特定の人へのメルマガだったらどうだろうか？　これこそまさに紙だからこそである。もちろん、よっぽど素晴らしい内容のメルマガであれば、社内のメンバーに転送等あるかもしれないが、気軽に「これおもしろいよ」と回覧してもらえるのは、紙だからこそである。

また、こんなこともよくある。

FAXで「社長通信」を相手先の社長に送っていたところ、そのFAXの機械に近い席の事務員さんが、それを社長のところに届けるまでにこっそり読んで自分用にコピーもしていて、その会社さんに訪問したときに、その事務員さんから「実は○○さんのファンで」と言われるという報告を受けている。

他にも、FAXで小さな事業所に送っていたところ、社長よりも奥さんが毎月しっかり読んでくださっていて、その奥さんが味方になってくれるので営業がとてもしやすくなった、といった報告も多く受けている。これらは全て紙で届けているからこその効果だ。

2 「保存」効果

これは、ファイリング効果と言ってもいい。紙でお送りしていると、それをわざわざフアイリングして保存してくださる方が一定数いらっしゃるのだ。

私がこの効果を最初に実感したのは、営業マン時代に「蒲池通信」をスタートして3回発行したタイミングだ。

それを実感できたからこそ、私はその後も継続することができたと言っても過言ではない。

私が「蒲池通信」をスタートしたのは、２００６年5月である。上司に言われて始めたのではなく、当時26歳の私がこれはやった方がいいと思い、勝手に始めたのだ。自分が始めたことなので、勤務時間にはそれをせず、勤務時間外の時間帯、休日などを利用して一人もくもくと作っていた。

ところがだ、満を持して発行した第1号は無反応……。誰からも何の反応もない。そして、6月に発行した第2号も、7月に発行した第3号も同様で、もうやめてしまおうと思った。

貴重な休日まで使って作っているのに、全く反応がない。当時は送り先がほとんどなく、それこそ、20件にも満たなかったのだから、たった数回出しただけで反応がないのは当然のことである。

しかし、第3号まで出し終わったある日、別の部署のTさんという方といっしょに営業に行くことになった。

そのTさんがいたのはSEなどの技術者を派遣する事業をしていた部署で、都内のとあるシステム会社さんにこれから行くのだけれど、教育のニーズもあると思うからと、研修の事業部にいた私に声をかけてくれたのだ。

そして、いっしょにそのシステム会社さんを訪問。会議室に通され、私はTさんと二人、先方の担当者を待っていた。会議室に入ってこられた担当者の方の手には青いファイルがあり、それを開いたところ、なんと、そこに「蒲池通信」があったのだ! 実は、そのシステム会社さんは以前、社内のセミナーに参加してくださった折、私も名刺交換をしていたため、「蒲池通信」のお送り先リストに入っていた方だったのだ。

その方が、まだ3回しか出していない「蒲池通信」をわざわざファイリングしてくださっていて、さらに、こう言ってくださったのだ。

「蒲池さん、いつもありがとうございます」

その場ですぐに研修の仕事に繋がることはなかったが、私はそのときに心に決めた。

「一人でも読んでくださる方がいるのであれば、その人のために続けよう」

以来、私の中で「蒲池通信」をやめてしまおうなんて気持ちは、一切湧いてこない。あれからもうすぐ20年になるが、ここまで継続できているのは、あの日の、青いファイルのおかげである。

紙でお送りするからこそ、保存・ファイリングもしてもらえ、それが私の場合はその後の継続に繋がったのである。

ちなみに、郵送、もしくは手渡しで「社長通信」をお届けする場合、最初から穴あけパンチを使ってファイリングできるように２つ穴をあけておくのも手だ。その状態で相手に届ければ、自然と、これはファイリングするものなのだと思ってもらえる。ＦＡＸの場合も穴をあけることこそできないが、穴をあける部分に「●」を入れておくことで、そう思ってもらいやすくなる。

もっと言うと、最初からファイルに綴じた状態でお渡しすれば、次号から自然とファイリングしていただきやすくなる。もちろん、そのファイルが高価なものだと相手もちょっと引いてしまう、重荷に感じてしまう可能性があるから、百数十円で購入ができる透明のルーパーファイルなどにバックナンバーを綴じてお渡しするのが効果的である。ちょっとしたことではあるが、このひと工夫をぜひやってみてほしい。

3 「掲示」効果

これは「回覧」効果や「保存」効果と比べると、頻度は少ないが、それでも、実際にある効果だ。

これは「社長通信」のお送り先が法人の場合に起きる効果だ。お送りしている内容が役に立つもので、さらに、お送り先がその会社の代表者で、これは従業員にも読んでもらいたいと思うような内容になっていれば、その会社の掲示板に自然と貼られるようになる。

掲示板に貼られていたり、ホワイトボードに貼られていたり、中にはその事業所の入り口のドアのところに貼られていたという事例もある。ちなみに、入り口のドアに貼られていたというのは、コピー機の販売をされていた方の通信で、その報告を聞いたときにはさすがに私も驚いたが、掲示していただけるというのも、紙でお送りしているからこその効果である。

ちなみに、今、紙で届けましょう！ 紙で送りましょう！ ということを伝えると、郵便代が……と懸念される方が多いのも事実だ。実際、２０２４年10月１日から、郵便料金が30年ぶりに大幅な値上げをされたことがニュースになっていた。

郵便代が上がったから紙で送るのをやめるというのもひとつの経営判断で、それを否定するつもりは全くない。ただ、その一方で、郵便料金が上がったからこそ、紙で届けるライバル会社が減っているのも事実としてある。あえて紙で送り続けることで、より目立ち、差別化になるというのも経営判断である。

つい、郵便料金ばかりに意識が行ってしまいがちだが、紙で届けてこそ得られる効果があることを忘れないでもらいたい。

紙ＮＧの相手にはＰＤＦ版をメールで送付

ここまで紙で届けることがいかに大事か、紙で届けることによって様々な効果が得られるということを書いてきたが、ただ、お送り先が紙ＮＧのところも実際に存在する。

私は法人に対して「蒲池通信」をお送りしているが、これをスタートした２００６年の頃には紙ＮＧと言われることはなかった。

当時からペーパーレスという言葉は存在したが、会社として積極的にペーパーレス化を進めていますといったところはあまりなかったように思う。それが、２０１９年に政府主導で始まった働き方改革の一環としてペーパーレス化が注目を集め、２０２０年からのコロナ禍でテレワークが増加し、その中で「脱紙」の意識が一気に高まった。

その頃から私のところに、「会社の方針として紙は受け取らないことになりました、蒲池通信をメールで送ってもらうことは可能でしょうか？」と数名の読者からお問い合わせがあり、希望される方にはPDF版をメールで送らせていただいている。

私以外にも、「社長通信」の実践者の中には、紙でお送りすることを基本としつつ、相手に合わせてメールでお送りする形を取られている社長も実際におられる。

お客様に対しては基本、紙でお送りし、異業種交流会等で名刺交換をしただけの人にはメールでお送りするなど、使い分けをしている。

また、実践社長のところに登場した熊本の司法書士、西本氏の事例にもあったが、メッセンジャーで個別にお送りするというのも有効な手のひとつだ。

回覧、保存、掲示の効果が得られる紙でお届けすることが原則だが、相手が紙NGの場合は、メールやメッセンジャーでPDF版をお送りする。

紙と同様の効果は得られないが、送料は無料である。せっかく作った「社長通信」を一人でも多くの方に届けるように、選択肢として持っておこう。

セールス場面別「社長通信」活用法

ここでは、セールス場面別の「社長通信」の活用法をお伝えする。読み進めていく中で「社長通信」が万能ツールであることを理解されるはずである。

【DM発送】

あなたの会社や自宅に来るダイレクトメール、そのまま中身も見ずにゴミ箱に捨ててしまったことはないだろうか？

私はある。これまで長年にわたり、開封してプラスになったことが基本的にないからだ。

そこでだ。例えば透明封筒でダイレクトメールをお送りする場合、その前面に「社長通信」が来るようにして同封することをおすすめする。そうすることによって、ゴミ箱直行を防ぐことができるのだ。

この透明封筒の前面、一番上に「社長通信」が見えるようにすることで、まず、よくある売り込みのダイレクトメールとは別物だと認識される。

また、宛名ラベルを中央付近に貼り付けたときに、「社長通信」の文章を読もうと思っても途中までしか読めない形となり、気になって開封までしてもらえるのだ。

【ポスティング】

ダイレクトメールの場合と原理は同じである。

以前、ポスティングを多用していた東北地方のとある工務店でこんなことがあった。

その工務店では、集合住宅に土地情報などを掲載したチラシをポスティングすることを定期的に行っていた。ところが、集合住宅の入り口付近にあるポストにポスティングをしても、しばらくして再度行ってみると、入れたばかりのチラシが大量にゴミ箱に捨てられているというのが当たり前の光景となっていた。

そこで、そのチラシの前面、上側に「社長通信」をホチキス留めし、その後ろにチラシを付けてのポスティングに変更したところ、時間をあけて見に行っても、ゴミ箱行きにはなっていなかった。

「社長通信」を見て売り込みと思わず、ひとつの読み物として家の中まで連れて行ってもらえたのだ。

ここからさらに一歩進んで、「社長通信」を前面にして、チラシをセットにしたものを丁寧に市販のクリアファイルに入れてポスティングをするようにしたところ、より捨てられなくなった。

【資料請求】

資料請求があったお客様に、資料だけを送るのはもったいない。

それだと、他の会社の資料と見比べられてしまうだけである。資料とともに「社長通信」のバックナンバーを入れることで、社長の人柄まで伝わり、他社と差別化ができる。

他社と商品・サービスにそこまで差別化ができていない、価格もほぼ同じ、顧客から見て違いがわからないときに、「社長通信」のバックナンバーは特に有効だ。

商品・サービスで差別化が難しい中、どんな社長が売っている商品・サービスなのかに興味を持ってもらえ、その時点で、他社から一歩も二歩も抜きんでることができる。

さらに、社長の顔どころか人となりまで見えるという安心感がある上、「社長通信」の内容に共感してもらえれば、「どうせ買うならこの社長のところから買おう！」と思ってもらえる。

もちろん、まだ資料請求の段階だからそのまま即購入とはならないかもしれないが、購入候補には入ることができる。

さらに、その資料をお送りしてすぐに決まらなかったとしても、その後は月に1回の「社長通信」をフォローがてらお送りする。つまり、見込み客フォローをしていくのだ。

ちなみに、バックナンバーを同封する際、その「社長通信」は市販のファイルに綴じてお送りすることで、簡単に捨てられないだけでなく、その後も綴じてもらいやすくなる。前述の保存の効果が発揮されるから、バックナンバーはファイルに綴じてお送りするのが賢いやり方だ。

【新規飛び込み営業】


あなたは飛び込み営業が得意だろうか？

コロナ禍に完全になくなってしまった感じがあるこの飛び込み営業、訪問したところでろくに会話もできず、すごくストレスに感じている方もいるかもしれない。

とある家族経営の工務店の職人社長は、とにかく営業が苦手で、飛び込みで訪問をすることに強いストレスを感じていた。いや、ストレスを超えてトラウマを抱えていた。そんな社長が60代にして、35年ぶりに飛び込み営業ができるようになったのである。

飛び込み営業は35年前に1週間だけやってみたが、全くうまくいかずトラウマになってしまった。

その社長が20歳の頃で、父の会社に入ったものの本当に仕事がなく、この状況をなんとかしないといけないと、営業の「え」の字も知らないのに、自らの意思でやってみたのが飛び込み営業だった。

新しい作業着を着て、道具袋のようなものを持ち、ピンポン。ところが、まず誰も出てきてくれない。

玄関がちょっと開いたと思ったら、作業着姿の青年を見るなり「うちはいいわ」と門前払い。初めての飛び込み営業で断られ続けた結果、「一人で回るって、なんて辛くて寂しいことなんだろう」と公園のベンチで下を向いてお弁当を食べていた。すると、知らないおじさんから「何やってんの？」と声を掛けられ、事のてんまつを話すと、おじさんから「いや〜兄ちゃん大変だね〜」と同情され、人目もはばからず、涙がポロポロと出てしまった。その瞬間、心が折れて、もう続けることができなくなってしまった。

あれから35年が経ち、蒲池から、

「どこでご縁があるかわかりませんから、営業というよりは挨拶で、そのときにこういうものを発行していますと『社長通信』を渡すことをメインに回るといいですよ」

とアドバイスを受け、勇気を振り絞り、35年ぶりに新規でのご挨拶回りを始めた。

本当にドキドキだったけれど、挨拶だけと考えると心が折れず、すでに１００件以上回ることができ、そこから仕事にも繋がっている。

「社長通信」を渡してくるだけでいいと考えると、訪問のハードルがぐんと下がるのである。

ちなみに、その社長は介護リフォームをメインとしており、ケアマネージャーがいる施設に飛び込み営業をしていた。「社長通信」を持って挨拶に回り、その中でメインの担当者がわかれば、今度はその担当者宛にFAXで送るようにもなった。それを何年も繰り返していると、その施設の中で回覧がされているようで、介護リフォームの仕事が来るだけでなく、別のケアマネージャーから個人的に自宅のリフォーム工事のことでも声がかかるなど、そういった仕事の広がりも見せている。

【ルート営業】

アポイントを取らずに顔を出すルートセールスの場合、困るのは話のネタがないことだ。顧客のところに顔を出しに行ってはみるものの、相手が忙しそうにしていて「こんな忙しいときに何しに来た?」と言われて言葉に詰まってしまったり、もしくは、時間を取ってくれたとしても、そこから何を話せばいいものか困ってしまったり……。そんなときに役立つのが、「社長通信」である。

まず、「新しい○○通信ができましたのでお時間のあるときにお読みください」と、訪問する理由になる。相手が忙しそうにしていて、時間を取ってもらえなかったとしても、その場に置いてくることができる。

また、相手が時間を取ってくれたときも、その場で渡せるのはもちろん、事前にお送りしている先であれば、「この前の『○○通信』読んだよ、こんなことがあったんだね」と、相手の方から話題を振ってくれることがよくあり、言葉に詰まることもない。

さらに、これはルート営業に限ったことではないが、「社長通信」で自分をオープンにすることで相手もオープンになってくれて（※自己開示の返報性）、相手のことをより知ることができる。

【キーマンアプローチ】

新規開拓をしていく中で、なかなかキーマンにたどり着けないことがある。例えば、あるOA機器の営業マン。何度も訪問するも、なかなか社長に会えないでいた。

それでも「社長通信」を毎月持って行ったところ、そこの事務員さんたちが味方になってくれて、「いついつだったら社長いるわよ」と、情報を教えてくれたのだ。

さらに驚くことに、ここにはすでに出入りのコピー屋さんがいたにもかかわらず、事務員さんたちが味方になってくれて、コピー機が壊れたタイミングで、この営業マンに一番に連絡をくれたのだ。キーマンに直接渡すことができなくても、周囲との関係を築いていくことでキーマンの重要な情報が得られるようになる。

【初回アポ】

初めてアポイントが取れたお客様に対して、例えば１ヶ月前にアポイントを取ることができたら、日が近づいてから改めて、念のための連絡をする。

初めてお会いする場合は、「いついつお伺いいたします」という念のための連絡とあわせて「社長通信」をお送りするのがいい。それも、自己紹介や、自分の仕事に対する想いが書いてある第１号あたりをいっしょに郵送、もしくはＦＡＸでお送りするのだ。

事前にお送りしておくことで、初めてお会いするときにはすでに相手はあなたのことをある程度知ってくれていて、壁がない状態から商談をスタートすることができるのだ。

【来店・来社による初商談】

はじめてお客様がご来店されて、商談をするとなった場合、お客様が座る席のところには、会社案内などといっしょに、「社長通信」の第1号をテーブルの上に置いておく。

そして、「こちらの席にどうぞ」とご案内し、ご挨拶、さらには、お名刺を渡したあとに、「お茶を持ってきますね」と言って、いったん席を立つ。

その場所にはお客様しかいない状態になり、3分程度時間をあけて戻るまで、お客様は手持ちぶさたで、目の前に置いてある「社長通信」に目を通す。それを読み終わった頃に、お茶を持って行く。

すると、あなたのことを知ってくれている状態から商談がスタートできる。相手もあなたがどんな人なのかを知ることができて安心した状態、心が開かれた状態である。

その「社長通信」には、生年月日、出身地、趣味、家族構成、この仕事への想いなど何から何までオープンにされており、お客様がそこに何かしら共通点を見つければ、そこから一気に会話が広がる。こちらが自己開示をしている分、お客様も同等のレベルで自己開示してもらいやすく、お客様の本音に近づきやすくなり、営業としても大きなプラスだ。

この「社長通信」に書いたことを、初対面の相手に対して、いざ口頭で伝えようと思うと、なかなかハードルが高い。よほど話し上手な人であれば別だが、これら全てをスタート時点で一気に伝えるのは容易なことではない。

だから「社長通信」に事前に伝えておいてもらうのだ。せっかく作った「社長通信」、ぜひ活用してもらいたい。

【初商談終了時】

初めての商談でお客様のところにお伺いし、先方の会議室等で商談をして、その場では決まらず、いったんお話が終わりとなったときに、そのままただ「今日はどうもありがとうございました」とお礼を言って会議室を出てしまってはいないだろうか？

もしそうなら、とてももったいない。席を立つタイミングで、

「実は私、こういうものを毎月発行しておりまして、お時間のあるときにでもお読みいただけましたら嬉しいです」

と言って、「社長通信」のバックナンバーを綴じたファイルを手渡す。

先方が受け取ってくれたら、じっくり読んでもらうことができて、初商談の場では伝わりきっていないあなたの人となりがしっかり伝わるだけでなく、その後、毎月お送りする分も、抵抗なくファイリングしてくれるようになる。

ここまでいけば、もうこっちのものである。

2回目以降の商談がとても楽になる。

第1章の「実践社長」で紹介した熊本の西本司法書士も、これで成果を出している。

せっかく作った「社長通信」のバックナンバー、有効活用してほしい。

【そのうち客のフォロー】

そもそも、私が営業マン時代に「蒲池通信」をスタートした目的は、「そのうち客」のフォローのためであった。

顧客には、「いますぐ客」と「そのうち客」がいる。

「いますぐ客」はすぐに契約が決まるが、「そのうち客」と比べて絶対数が少ない上に、ライバルも多く、それだけを追いかけていると安定しない。

その点、「そのうち客」は母数として多い上に、ライバルが少なく、しっかりフォローし、「いますぐ客」になった瞬間、一番に声をかけてもらえるような状態にすれば安定する。

ちなみに、私が営業マン時代に取り扱っていたのは、中小・中堅企業向けのオーダーメイドの教育研修サービスである。この研修サービス、新入社員研修こそタイミングは決まっており、そのタイミングにある場合は「いますぐ客」になるが、やはりライバルが多い。反対に、営業マン研修やリーダー研修などは、時期は特別決まっておらず、どの企業も、いずれ研修は必要だと思っているけれど、いますぐというわけではない「そのうち客」の状態であった。

また、単発のセミナーに来てくださる、教育関係の教材を買ってくださる顧客は全国におり、その全国の顧客に足繁く通いながらフォローし、「いますぐ客」になるタイミングを逃さないようにするのは、マンパワー的に難しく、そこで、会社にいながら全国の「そのうち客」をフォローできる「蒲池通信」をスタートしたのである。

実際、このやり方は効果があり、その後、社内で同様の「通信」を出すことが推奨されるようになった。

今、私はこの「社長通信」を作るお手伝い、また、作り方と活用法の講演をすることもあるが、スタートされる方の大半が、見込み客フォロー、既存客フォロー、顧客維持を目的とされている。

あなたの会社は、「そのうち客」をしっかりフォローしているだろうか？　「いますぐ客」ばかり追いかけてしまっていないだろうか？　会社にいながらにして、全国の「そのうち客」のフォローができてしまうのが「社長通信」の大きな強みである。

【休眠客の掘り起こし】

「社長通信」を過去のお客様リストをもとにお送りして、休眠客の掘り起こしに成功した事例はいくつもある。

あなたの会社には、ほったらかしになってしまっている休眠客はいないだろうか？

以前、とある不動産投資会社（ひたすら電話営業を繰り返すようなところではなく、完全なホワイト企業）で、こんなことがあった。

インターネット黎明期からネットに力を入れ、同業他社が強引な電話営業をしていた中、物件情報をメールでお送りしながらの反響営業を行っていた会社だ。

オーナー様向けに「通信」を出したいということで、お手伝いをさせていただくことになったのだが、完成した「社長通信」を既存顧客にお送りしたところ、早々に7年間お取引がなかったお客様から反響があったのだ。

やはり、デジタルが得意ではないお客様は存在するので、そういったお客様にはネットを介した情報発信は届きにくい。

ネットでの情報発信をやめる必要はなく、そこにアナログも追加することで、様々な顧客に情報が確実に届くようになるのだ。

【新商品の案内】

新商品、新サービスを開発した裏側には、必ずその開発ストーリー（苦労話）が存在する。そういったストーリーを伝えずに、いきなり売り込んでしまっていないだろうか？

その開発ストーリーを知る前と知った後では、その商品・サービスに対する印象は大きく変わる。そのストーリーを「社長通信」に書くのだ。

「『社長通信』では売り込みしたらいけないんですよね？」

「商品とかサービスのことは書いいちゃいけないんですよね？」

という質問を、よく受ける。「社長通信」内で、「今ならお得！」的な単なる売り込みはやらないでほしいが、新商品・新サービスが誕生したこと、それの開発秘話は伝えるべきだ。

どういった経緯でそれが生まれることになったのか、その最初のきっかけ、完成までどれくらい試行錯誤したのか、どんな苦労があったのか、そういった裏側にあるストーリーを「社長通信」でしっかりと伝えた上で、チラシやパンフレットを見てもらう。

ストーリーだからこそ顧客に伝わりやすく、興味や愛着を持ってもらえる。

「社長通信」が、ソフトなセールスレターの役割を果たすのだ。

【来店促進】

第1章「実践社長」の琉球補聴器・森山社長の事例にもあったが、お客様に定期的に気軽に足を運んでいただきたい場合は、あえて「社長通信」を郵送せず、お店に来てくださった方にのみお配りするというやり方も有効である。

定期的に発行している「社長通信」をもらうためにちょっと立ち寄ろうという、来店の動機になる。

その場合は、森山社長のようにバックナンバーを入れるラックを用意し、店内に設置しておくことをおすすめする。

【セミナーや勉強会】

セミナー会場などで、完全アウェーの緊張した雰囲気の中で話し始めることは避けたい。

そのために、事前に、資料（テキスト等）とは別に、「社長通信」の自己紹介号を置いておくのだ。テキストの下ではなく、テキストの横に並べるように置いておくのがいい。

会場には開始直前に来る人もいるが、大抵は10分前には到着して席に着いている。そこからずっとスマホをいじっている人もいるが、大半が今日の話の資料に目を通すので、そこで自己紹介を書いた「社長通信」を読んでおいてもらえば、「なるほど、今日の講師はこんな人なのかと安心感が生まれ、自然とその場の空気が柔らかくなっていく。

せっかく作った「社長通信」、こんな場面でもぜひ有効活用してもらいたい。

【展示会】

展示会などでも、「社長通信」はいい働きをする。

まず、展示会会場でパンフレットだけを渡すのは非常にもったいない。ご来場された方々の印象に残るため、パンフレットといっしょに「社長通信」もお渡しする。社長の自己紹介や事業に対する想いなどが書かれている号だ。

展示会が終わったあと、大半の出展企業は名刺をくれたご来場者に対して、「一度、お話でもどうですか」と、ひたすら電話やメールでアプローチする。ただ、そのタイミングで一斉に同じような連絡が来るので、よほど興味を持ってもらえていない限り、次のステップには進みにくい。

そして、大半の営業マンが、そこで反応が薄かったら追客をしないで終えてしまう。

そこで、他の出展企業と差をつけるために、すぐに「社長通信・展示会特別号」を出すのだ。主な内容は、展示会のレポート。これを4種類作って、1週間に1回、もしくは、2週間に1回のペースで出す。

展示会の場で、実際にご来場されたお客様からこんな質問が多かったとか、今こんな課題をかかえていて、こういうものを探しているというお客様が多かったとか、展示していた商品について、この特長に特に興味をもってもらえて、さっそくお引き合いがあるとか、その現場でのリアルな会話、やり取り、そのエピソードを掲載するのだ。

すると、それを読まれた方に、「展示会の場では気がつかなかったけれど、自社の課題についても、この会社の商品で解決できるのでは？」と興味を持ってもらえる。

せっかく大金を払って出展した展示会。準備に膨大な時間や労力もかかっている。そして、集めたたくさんの名刺があるのだ。

「社長通信」を活用しながら、しっかりフォローしていくことが大事である。

【見積もり提示】

初めてのお客様から見積もりの依頼が来たときに、ただ単に見積書だけを送ってしまっていないだろうか？　もしそうなら、非常にもったいない。

以前、とある家族経営の工務店社長が、介護リフォームの見積もり依頼が来たときに、この仕事に対する想いを綴った「社長通信」を添付したところ、超大手企業との相見積もりで勝ったのだ。それも、その家族経営の工務店社長が出した見積もり金額の方が高かったにもかかわらずだ。

「うちには立派なパンフレットなんてないし、見積書といっしょに『社長通信』の第1号を渡しました。競合相手は超大手で、とても立派なパンフレットといっしょに見積書を出していました。そしたら、お客様がうちに決めてくれたのです。きっとあの競合相手は、なんでうちみたいなところに負けたのかわからないと思います。まさか、うちの方が金額が高かったなんて、想像もできないでしょうね」

と、その社長は言ってくれた。

もちろん、金額だけで決めるところもあるだろう。ただ、100％がそういう顧客ではない。複数社から見積書を集めて、その中から決めるときに、社長の顔が見え、さらに、その社長の仕事に対する熱い想いが相手に伝われば、そこで選んでくれる人もいる。

相手は心を持った人間であり、人と人との繋がりで商売は成り立つのだ。

ここでも使える！「社長通信」の活用法【応用編】

【採用力強化①】

中部地方で木製の建具・家具を製造している、とある木工所の社長がいる。

既存顧客及び見込み客との人間関係強化を目的に、「社長通信」の発行を始めた。

途中から、地元の専門学校の先生にも「社長通信」を定期的に届けるようになったのだが、それによって採用に大きくプラスに働いたという。

現在、採用市場は非常に厳しいものがある。完全な売り手市場で、特に中小零細企業にとってはこれまでにないほど厳しい状況だ。そんな中でこの社長のところには、地元の専門学校から、「うちの学生を採用してくれませんか？」と逆指名が来たのだ。

もともと、社長は木工職人を育てるために、地元の木工関係の専門学校に行って求人票を貼らせてもらい、先生に「よろしくお願いします」と頭を下げていた。とても地道な活動だ。

実際にこの学校から学生を採用した経験もあるので、「社長通信」を、この学校の先生にもお送りするようになった。

すると、学校の先生から、

「○○社長のところは今年は採用の予定はありませんか？　うちの学生を採用してくれませんか？」

と連絡が来るようになったのだ。

さらに、その「社長通信」を定期的に読んでくださった先生方が、社長の人柄、会社内の雰囲気、手掛けている仕事の内容などをより深く理解してくれたことで、「この子は御社に合うと思います」と、会社に合う学生を薦めてくれている様子まであったのだ。

ちなみに、社長は「社長通信」内で、新入社員についても他己紹介のような感じで紹介している。

もちろん、それだけでなんでもうまくいくというものではないが、学校の先生に「社長通信」を届けている会社と、何も手を打たない会社とでは、どちらが有利に働くかは明白だ。

【採用力強化②】

「社長通信」が採用にプラスに働いた事例は他にもある。

ここでは、さらに２社の事例を紹介する。


１社目は、関東地方でバスの運行システムを開発している会社だ。

超が付く採用難の中で、「実はこの前、面接でこんなことがありました」と教えてくれた。


中途採用の面接で、第二新卒の女性が来てくれたそうだ。

社長が面接を担当していたのだが、その女性は初対面なのに妙に親近感のある話し方をしてこられ、社長が不思議に思ってよくよく聞いてみたところ、こんなことを言われたそうだ。

「貴社のＨＰを一通り見て、あと『○○通信』のバックナンバーというのがあったので、取り急ぎ最新号だけ読んできました。△△△のことを書かれていましたよね、ああいうことを書くような人は、人柄的にも信頼できると思いまして、この面接を受けに来ました」

先日、とある採用系の講演で「今、転職活動をしているのは全労働者の４％しかいない。その少ないパイを多くの企業が奪い合っている」という話を聞いた。採用どころか、面接に来てもらうだけでも難しい状況だが、ＨＰに掲載した「社長通信」のバックナンバーが、面接に来てもらう一助となっていたのだ。

２社目は、７年も間が空いていた休眠客の掘り起こしにも成功したという事例でも紹介した、不動産投資の事業をされている会社だ。

私は普段、基本的に毎月社長に電話でインタビューをし、「社長通信」を作らせていただいているのだが、こちらの会社は社長が登場するのは新年号の１回だけ。残り11回は社員が順番に登場する。今月はＡさん、来月はＢさん、その次の月はＣさんと、毎月違う社員への電話インタビューだ。「社長通信」というよりは「会社通信」かもしれない。

その社員インタビューの中で、初登場の方には、どういった経緯で入社されたのかという質問を必ずしているのだが、20代女性の中途入社の方が、入社の経緯について、こんなことをおっしゃった。

「面接を受ける前に、この会社の『通信』を読んでいました。私だけでなく家族も読んでいて、この会社だったら安心だねという話をしていました」

こちらの会社さんは「通信」を毎月HPにアップされていたので、その女性と親御さんも読まれて、会社の雰囲気をつかんだ上で面接を希望されたようだ。

10年くらい前からだろうか。「親ブロック」という言葉を聞くようになった。求職者が親や保護者の意向で内定を辞退することとなのだが、「社長通信」をうまく活用すれば、この親ブロックの解除もできてしまうのだ。

【スムーズな事業承継】

「社長通信」は、スムーズな事業承継のためにも効果を発揮する。

後継者へのバトンタッチのタイミングで気をつけなければならないのは、顧客との関係を切らさないようにすることだ。

例えば、現在の社長であるあなたと顧客との間に強固な信頼関係があったとする。「○

○社長だから買う、○○社長の会社だから契約している」という関係性があったとする。
こういった顧客との関係性も、後継者にはしっかり引き継ぐ必要がある。それをしないと、このバトンタッチのタイミングで関係性が切れ、顧客をライバル企業に奪われてしまう。

例えば、顧客が法人で、あなたと顧客との社長同士の関係性ができていたとする。そして、あなたが後継者にバトンタッチとなったとき、先方の社長はあなたの後継者を知っているから、そこではまだ関係は続くのだが、相手も同世代で後継者にバトンタッチをしたときに、それぞれの後継者は、お互いが知らない者同士になってしまうのだ。

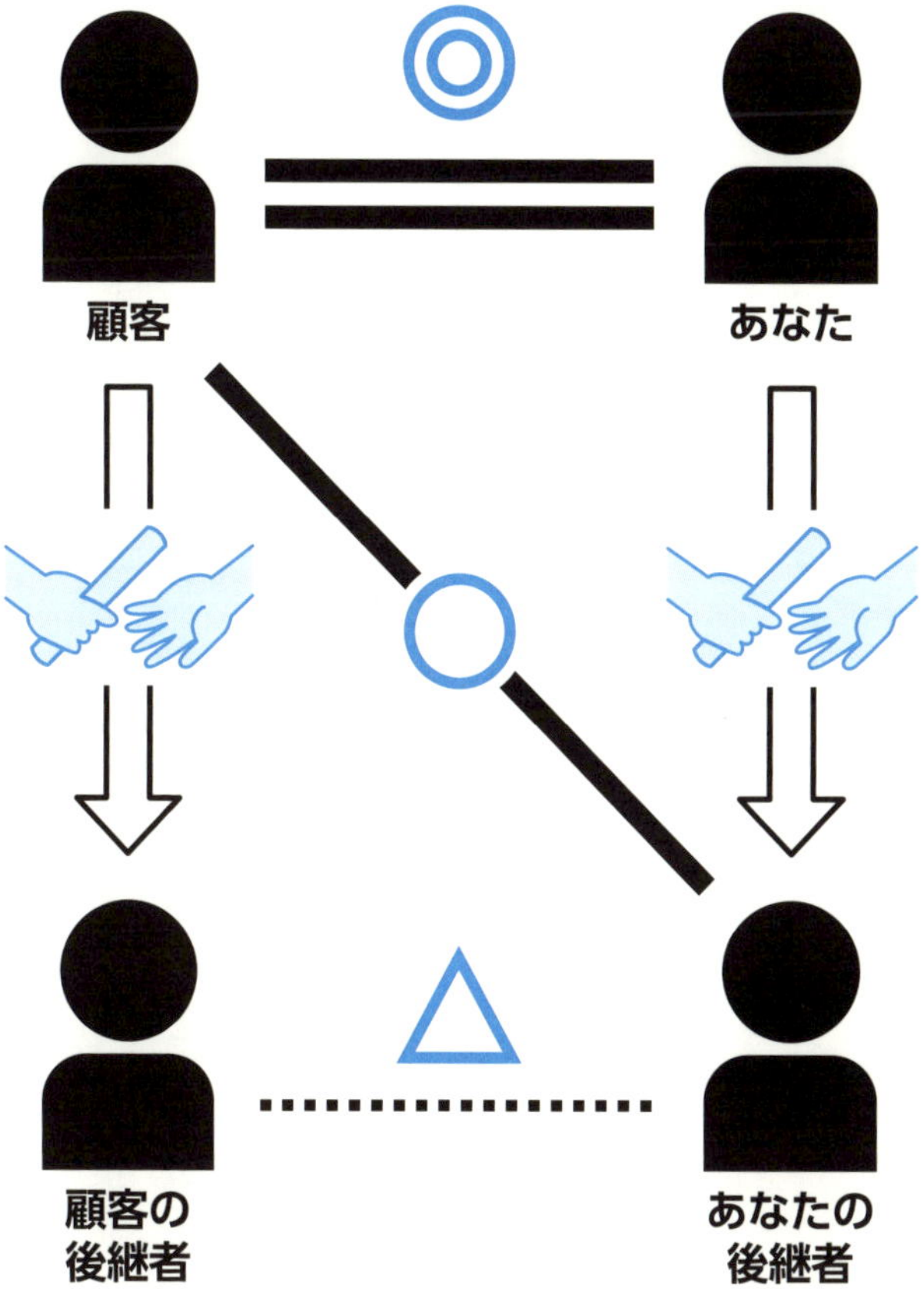

図：スムーズな事業承継

すると、そのタイミングで、顧客の後継者と関係ができている別のところに仕事を取られてしまうことになる。

だから、そうなってしまう前に、顧客である相手先の社長にあなたの後継者のことを知ってもらうだけでなく、顧客側の後継者にもあなたの後継者のことを知ってもらうために、「社長通信」を活用するのだ。

まず、これまであなただけが登場していた「社長通信」に後継者を登場させる。

そのやり方はいくつかあって、一枚の中であなたと後継者のコーナーを別々に設ける、もしくは、あなたと後継者が毎月交互に出る。もしくは、バトンタッチを3年後ぐらいに控えたタイミングで、先に「社長通信」だけはバトンタッチをしておくというやり方もある。

実際、とある50代の社長は、「社長通信」が8年と4ヶ月の継続で第１００号に到達したのを機に、１０１号からは30代の後継者にバトンタッチをした。おかげで、顧客の受け渡しもとてもスムーズに進み、それから約3年後、本当の意味でのバトンタッチのタイミングを迎えている。

【スムーズな値上げ】

「先に言えば説明。後で言えば言い訳」

これは、ビジョナリーパートナーの和仁《わに》達也先生から教えていただいた言葉だ。和仁先生からはたくさんのことを学ばせていただいたが、個人的に一番強烈な学びがこの言葉で、ことあるごとに思い出している。

これはどういう意味か。

例えば値上げをするときに、いきなり何も言わずに実行すれば、相手は驚き、怒らせてしまいかねない。

そうなってから、値上げの理由を伝えたところで、相手には言い訳のように聞こえてしまう。

しかし、伝える順番を逆にすることで、相手もそれなりに心の準備ができ、スムーズに受け入れてもらえるようになる。少なくとも、「聞いてないぞ！」と怒られるようなことはない。

こういった値上げについても、「社長通信」を活用することで、スムーズに実現することができる。

これは、コロナ禍前に実際にあったことだが、とある安全帯の製造メーカーさんが「社長通信」を通じて、値上げについて事前に繰り返し説明をしていた。当時、ある原材料費が高騰していたので、そのことを正直に伝えながら、なんとか値上げはせず、今は企業努力でがんばっています！　ということを伝えていた。それを数ヶ月に一度、1年くらいにわたって伝えながら、「なんとかここまで値上げをせずにふんばってきたのですが、いよいよ値上げをしなければならない状況になってしまいました。申し訳ありません」と、しっかり、その理由、背景も伝えていった。「なんとか値上げ幅を抑えるように努力していますす」ということもしっかり伝えた上で、いざ値上げに踏み切ったところ、なんと、値上げに対するクレームが全く入らなかったのだ。

やはり、「先に言えば説明。後で言えば言い訳」なのだ。事前にしっかり説明をしておくことで、相手も心の準備ができるのだ。

スムーズな値上げの実現にも「社長通信」は使える。ぜひ活用してもらいたい。

【社員の意思統一】

あなたは、社員の意思統一を図るために実行していることがあるだろうか？　毎日の朝礼で話す、月1回の全体会議で話すということは、当然あるだろう。

では、そんなあなたの話を、社員はどれだけ真剣に聞いているだろうか？　忙しい社員ほど、次の仕事のことばかりを考え、社長の話に100%耳を傾けているようなことは少ないのではないか？　もちろん、抜群に話が上手な社長であれば、社員もしっかり耳を傾けるだろうが、そんな社長ばかりではない。そこで、「社長通信」の出番だ。「社長通信」は基本的に社外に対して発信するものだが、完全に社内向けというのもアリだ。実際、こんな社長もいらっしゃる。

三重県四日市市に拠点を構え、天然植物活力液「HB‐101」をはじめとする、人の暮らしに密着したバイオ商品を全世界に提供されている化学薬品メーカー、株式会社フローラの川瀬善靖社長は完全に社内向けに「社長通信」を出されている。

「蒲池さんから毎月FAXで送られてくる『蒲池通信』を読んでいて、私の場合はお客様向けではなくて、社員向けにこういうのを出すのもいいなと思っていました。以前から、社員と意思の疎通が図れないのは困ると思っていました。日本経営合理化協会の牟田太陽さんの本にも『コミュニケーション不足が揉め事を作る』と書いてありましたが、父親とのコミュニケーションを取るのは当然のこととして、やっぱり社員ともコミュニケーションを取る機会を多く作るのが大切だなぁと思っていたのです。

そして、私が何をしているのかだとか、会社がどの方向に向かっているのかだとか、社員のみんなと全部は共有できないにしろ、伝えたいと思うところはやっぱりありまして、これまでも年に1回の社員面談はやっていたのですが、『社長通信』であれば、社員の皆さんに毎月情報を発信できます。

もちろん、社員に伝えるということであれば、全体に向けた社長スピーチなど、口頭で伝えるという手段もありますが、社員向けのスピーチとなると、これまた私は緊張しいで、人前で話すのが昔から苦手で、かなりストレスにも感じてしまいます。そういったことから『社長通信』がいいだろうという結論に至りました。

現在は『社長通信』を印刷して、給料日に給与明細書といっしょに社員の皆に渡しています。配り始めて1年が経ちましたが、良かったことは、やはり、こちらから全てを言わなくても、ある程度、私が考えていることを理解してくれる社員が増えたことです。Ｍ＆Ａのことや土地のこと、お客様向けのイベントのことや商品のことなど、いろんな話を書いていますが、改めてそれについて話をするとなったときに、いちいち全部を説明しなくても、ある程度わかってくれていて、話が早い。それをすごく実感しています」

「社長通信」を社内向け、社員向けに出し続けることで社長の考えや想いが浸透する。

かの松下幸之助さん、それから、お好み焼きの千房の創業者・中井政嗣さんなどが毎月の給料袋に社員への手紙を入れていた話は有名だ。社長の手紙としての社内向け「社長通信」も、とても有効である。

【社員の家族が社長の味方になる】

あなたの会社の社員、その社員のご家族は、あなたの味方になってくれるだろうか？

社員が家で会社の愚痴、仕事の愚痴をこぼすことはよくあることだ。例えば、社員の奥様がその愚痴を聞いて、「それはひどい！　そんな会社辞めちゃいなよ！」と退職を促すのか、それとも、「たしかに大変だけど、あの社長もいろいろ考えてくれているし、この会社でもうちょっとがんばってみたら」とフォローして踏みとどまらせてくれるのか。この差は非常に大きい。社員の家族は最後の防波堤なのだ。

今、超が付くほどの採用難の中、特に中小零細企業は、人が採れない分、今いる社員に簡単に辞めてもらっては困る。もし、社員の家族が社長の味方、会社の味方になってくれていたら、退職を踏みとどまらせてくれることもあり、これほど心強いことはない。

以前、「社長通信」を3年半継続していた40代の社長から「実は社員の家族も味方にできています」というお声を聞いた。以下に、そのときの社長のリアルなお声を紹介する。

「私って意外と照れ屋なんですよ。自分が思っていることや自分が考えていることを、本当は社員に伝えていかなきゃいけないですよね。会社が向かう方向性を示して、そこに向かっていこう！　というような話をするのが、社長の一番大事な仕事だって言うじゃないですか。ところが、一番嫌なんですよ、私、照れ屋だから……。なんか〝さも〟みたいなのが嫌いなんですよね。なので、会社でやろうと思っていることとか、自分が日頃考えていることって、なかなか社員に伝えていなかったんです。でも、この『通信』を実はお客さんだけじゃなくて、社員宅にも送っているんですよ。そうすると、社員も見るし、社員の家族も見る。それによって、社員にちゃんと伝えられていないという私の足りない部分を補えて、『あっ、社長はこういうことを大事にしているんだ』とか『こういうふうにものを考えられるんだ』というのが伝わると、『この人ならついていこう』となるでしょうし、また、社員の家族がそういうふうに思って声を出すと、自分から社員に言うよりも影響力があるというか、社員の家族も味方につける効果がありますよ」

社員の家族から、あの社長はしっかり考えている、あの社長についていくのがいいと思うと伝えてもらえたら、どれだけありがたいことか。

「社長通信」を給与明細に同封する等して社員の家族も読むことができるようにすることで、社員の家族を味方につけてしまうことができる。

顧客との関係強化も大事だが、社員及び社員のご家族との関係強化も大事である。社員の家族を呼んで食事会やバーベキュー、中にはちょっとした旅行に行ったりする会社もある。たしかに顔を直接見合わせることはできるが、ひとりひとりとしっかりコミュニケーションを取ることはむずかしい。また、そういった企画が頻繁に開催されることはない。

その点、毎月発行している「社長通信」であれば、ただ、それをそのまま毎月ご家族に届ければいいだけである。ご家族とも月に1回、定期接触ができ、社長の考えが浸透していく。

ぜひ、顧客だけでなく、社員及び社員のご家族のフォローのために、活用してもらいたい。

第4章

「社長通信」の疑問・質問はこれで解消！

Q1 「社長通信」が特に効果的なのは、どんな業種？

A1

特に効果的なのは、人依存ビジネスの業界だ。お客様から「〇〇さんだから買う！」「〇〇さんにお願いしたい！」と〝人〟で決まるような業界・業種だ。

士業やコンサルタントなどがわかりやすいところだが、そういった人そのものが商品になっているところ以外にも、保険の代理店、ＯＡ機器、建材他各種販売店など、商品やサービスがライバル他社と差別化しにくいところでも効果的だ。

他にも、工務店など、商品やサービスが高単価のため、取引には大きな信頼が必要となる業界もそうだ。人生の中でも特に大きな買い物をするとなったときに、人は失敗したくないという気持ちが大きくなる。

私自身、数年前に中古の一軒家を購入したが、そのときも、いくつか候補がある中で、物件は気に入っても、担当者の対応や態度、身なりなどから、この担当からは買いたくないと、申し込みにいたらなかったことがいくつかあった。

最終的に購入を決めたのは、物件を気に入ったのはもちろん、対応してくれた担当者の人柄がよく、「この人だったら何かあってもしっかり対応してくれるだろう」という安心感、信頼感があったからこそ。車も、同様の理由で購入の判断をした。


あとは、お客様側があまり知識を持ち合わせていない業界でも効果的だ。

例えば、相続不動産など。

相続は、一般の人にとってそう何度もあることではなく、さらに不動産という、そう何度も売り買いすることがない分野になってくると、お客様にとってはよくわからない業界となるので、相談・依頼はその人柄がわかっている、信頼できる人に、となる。

他にも、情報があまり公開されていない業界ほど、真面目に商売をしている社長が、自分の人柄をしっかりオープンにすることが効果的である。

Q2 「社長通信」は白黒とカラー、どちらで作成するのがいいですか？

A2

結論から言うと、どちらでも大丈夫。

私自身は、「蒲池通信」をＦＡＸでお送りすることをメインとしているため白黒になるが、メール送信希望の方々にお送りしているＰＤＦ版は、カラーになっている。

なお、郵送でお送りする場合、基本的にはどちらでも効果は特に変わらないが、毎回、写真を掲載するような場合は、カラーの方が好ましい。

「社長通信」は文章がメインなので白黒で問題ないが、発行開始からずっとカラー印刷だったのに、途中から白黒印刷に変わるというパターンは問題だ。

読者の人から、「あれ？　カラーから白黒になっちゃったな、儲かってないのかな？　コストカットで白黒になったのかな？」などと思われてしまいかねない。

逆に、ずっと白黒だったところからカラーになれば、「改善したんだな、会社が儲かっているんだな」と思ってもらえる。

ということで、基本的には白黒でスタートしたらずっと白黒で。カラーでスタートしたらずっとカラーでいることが好ましい。

どちらで継続していくかは、スタートのタイミングでしっかり考える必要がある。

Q3 デザインは、いつもこのベタな感じじゃないとダメですか？

A3

ベタな感じじゃないとダメ、というわけではない。

デザインを売りにしている会社など、もっとオシャレなフォーマットで出したいという方もいると思う。

デザインは自由に変えてかまわないが、きれいすぎるデザインにしてしまうと、売り込みのためのダイレクトメールと間違われる可能性があるので、気をつけてほしい。

その点、私が推奨しているフォーマットは、手作り感・温かみもあって、身近に感じてもらいやすいと自負している。

それがメリットなのだが、どうもうちの会社にとってはベタすぎると思われるのであれば、メインコラムとサブコラム、プロフィールが入ること、字の大きさや文字数などの基本ルールは守ってもらいながら、変更してかまわない。

Q4 毎月出さないとダメですか？

A4

基本的には、毎月出すことが好ましい。

かつて、私自身がとあるお客様の「社長通信」の作成をお手伝いさせていただいた際、そのお客様からのご要望で、週1回発行するということを、1年間継続したことがあった。

もちろん効果はあったのだが、社長本人がどんどん忙しくなってくると、週1ペースは時間的にもネタ的にも厳しくなってくる。だから、「毎月出さないとダメ」ということではなく、毎月1回だけ出せばOKというスタンスだ。

毎月ではネタに困るから、隔月、もしくは3ヶ月に1回の季節毎というのも、やり方としてはありなのだが、その場合は、毎月発行より効果は落ちる。

また、もし、ライバル他社が同様のものを毎月出していたら、お客様に最初に思い出してもらえるのは、そちらの方になってしまう。

ちなみに、このことについて、マーケティングの神様とも言われるダン・S・ケネディ氏の著書『ダン・S・ケネディが教える小さな会社のためのマーケティング入門』（ダイレクト出版）の中で触れているので、以下に引用する。

――私は25年にわたって、顧客に対してニュースレターを（あるいは複数のニュースレターを！）送るよう、ビジネスオーナーたちをせきたて、煽り、おだて、催促し続けてきた。その25年間に、正直な話、私はあらゆる言い訳や反論を耳にしてきた！

「なぜ毎月？　それは多い。1年に4回でどうだろう？」

駄目だ。毎月でなければならない。あなたの購読している雑誌は毎月届く。実際の出版物は月刊だ。

そのうえ、3カ月の間にあなたのフェンスは腐り、もろくなり、ばらばらに壊れる可能性がある。外に隠れて最初のチャンスが訪れるのを待っている牛泥棒は、フェンスの中へと入り込むだろう。

あなたは顧客の郵便受けに毎月郵便物を届けて、挨拶をし、相手に元気を与え、役立つ助言や情報を提供し、いつでも相手の役に立つ用意があることを思い出させ、紹介してくれたことを人々に感謝し、特別なオファーをする必要がある。毎月だ。結局のところ、顧客がまた来てくれることや別の人を紹介してくれることを、あなたが望まない月などないのだから。――

やはり、どうせやるなら毎月出すことをおすすめする。

毎月はどうしてもネタがないという方はこんなやり方もある。

例えば、とある会社さんは役員の2人が交代で登場する形を取っている。フォーマットには2人の似顔絵が掲載されており、メインの文章の最初のあいさつで、「今回は私○○が担当です」ということを書いて、2人が隔月で登場する。実際、その会社さんは10年以上にわたって2人で交代しながら発行を継続している。

複数名で交代しながら登場していた税理士事務所さんもある。所長が登場するのは年に1回、年始のときだけで、他の月はその税理士事務所の社員さんたちが交代で登場する。また、とある不動産投資会社は、こちらも年始だけは社長が登場し、他の11ヶ月は社員が交代で登場していた。そういったやり方もあるのだ。

Q5 発行開始から、どれくらいで反響がありますか？

A5

お送り先がどれくらいあるか、また、そのお送り先である読者とあなたの関係性がどの程度のものかによるのだが、これまで私が17年間にわたり、業種を問わず様々な社長の「通信」を作るお手伝いをしてきて、だいたい3回送った後に読者の方と直接会ったとき、「いつもありがとう」と言ってもらえる。いわゆる「反応」だ。

よく、反響・効果について聞かれることがあるが、「社長通信」はチラシでもなければ、ダイレクトメールでもない。もちろん、結果的に業績アップ等に繋がるものではあるが、基本的に、読者の方々との関係性強化のためにお送りしているから、反響よりも反応を見るべきである。

反応ではなく反響を求めて、「社長通信」内で「買ってください！」「注文ください！」「安いですよ！」「今だけお得ですよ！」などと売り込みをしていたら、あっという間にそっぽを向かれてしまう。つまり、関係が切れてしまうのだ。他のダイレクトメールと同様に、ゴミ箱直行だ。

「社長通信」は、そういった売り込みをするものではないから、注文に直接繋がるということは基本的にはない。ただ、お客様のところで解決しなければならない課題が出てきたときに、その解決にあなたが提供している商品・サービスが該当しそうであれば、あなたのことを一番に思い出してもらえ、一番にお問い合わせをいただける可能性は十分にある。

ただ、そのタイミングというのは、いつ来るかわからない。だから、「社長通信」を何ヶ月送ったら必ず問い合わせが来るという計算はできないが、何かあったら一番にお問い合わせをいただける可能性を高めることはできる。

反応があるのは3回送ったくらいが目安で、あとは慌てずじっくり腰を据えて継続していくことが大切である。効果を急ぐ人がどんどん脱落していく中でも、あなたには継続の道を選んでもらいたい。

Q6 文章力に自信がありません。どうすれば上達しますか？

A6

私の実体験から思う文章力の上達法は2つだ。

1　書いた文章をオープンにすること
2　文章を読むこと

私自身、最初から文章が書けたわけではない。

子どもの頃を思い返すと、まず、文章の書き方について誰かから習ったことは一度もない。

そのため、小学校の夏休みの宿題、読書感想文は本当に苦労した。

そもそも本を読むのも苦手で、夏休みの終盤、それこそ最終日に大慌て。当時、本を読む習慣がなかった私は、課題図書の序章、最初の数ページだけをなんとか読んで、それを書き写すかのようにして作文用紙を埋めていった。そして、ちょっとだけ感想を書くのだが、改行をたくさんして文字数をかせぎ、涙目になりながら、母親にも手伝ってもらい、どうにかこうにか終わらせていた。

そういった苦い経験があったためか、文章を書くことに対しては苦手意識しかなかった。さらに、小学3年生のときに始めた野球が私の生活の中心となり、中学でも高校でも野球部。まともに勉強をしたことがなかった。大学にはなんとか入ることができたが、文章を書くことへの苦手意識は払拭されなかった。

そんな私が文章を書かなければならなくなったのは、船井総合研究所での1年目のときだ。

2003年に入社した頃、メルマガというものが誕生した。これからは、お客様に無料で情報提供をするのがいいらしいということで、私が当時所属していたグループでは、部長の三浦康志さんの指揮の下、クライアントにメールで定期的に情報提供をするようになった。

その当時、新人の私や同期は、自分のクライアントはまだ持っていなかったので、だれにメールで情報を送ればいいのかわからず、三浦さんのところに行って聞いてみた。

「私たちはだれに送ったらいいでしょうか？」

すると、三浦さんは、

「私に送りなさい。それから、上司にも送りなさい」

と言われた。

そこから、毎日文章を書くようになった。

私は、毎日の気づき、日々の生活や仕事をしている中で気づいたこと・学んだことを、毎日、メールで発信していくことになった。


三浦さんと直属の上司の味園健治さんに送り続けていると、同じ部署の先輩などから、「おれにも送ってよ」と言われるようになり、送り先が、ひとりまたひとりと増えていった。最初は、同じ部署の人だけだったが、他部署の先輩たちからも送ってほしいと言われることが増え、なかなかのプレッシャーがかかる中での情報発信を続けていった。

それだけ読んでくださる先輩方がいる中での文章執筆なので、毎回１００％の力で書かざるをえない。手は抜けない。とにかく毎日書き続けていった。

すると、ときどきではあるが、例えば会社のエレベーターでいっしょになった先輩から、「蒲池さん、昨日のおもしろかったよ」などと感想をいただけるようになり、だんだんとその感覚を掴んでいった。

もし、これが誰にもオープンにしない、自分しか見ることができない日記のような感じだと、たとえ１００％の力で書いていたとしても、どんな文章が読み手に響くのか、おもしろいと思ってもらえるのかを知ることはなかったと思う。

次に、文章を読むということ。

私自身、社会人になってからは、ビジネス書などを大量に購入し、読んできた。大量に読んでいると、読みやすい文章が染み込んで、血肉となり、いざ自分で文章を書くとなったときに、自然とそれに近い文体になっていたのだ。

ちなみに、文章上達法について、ブックライターの上阪徹氏はいくつもの著書の中で「良質な週刊誌」が最高の教科書になると書いている。上阪氏が選んだ週刊誌は、朝日新聞出版の総合週刊誌『ＡＥＲＡ』で、上阪氏の著書『10倍速く書ける 超スピード文章術』（ダイヤモンド社）の中にも書いてある。以下、一部を引用する。

――私は文章の書き方を学んだことも、文章の書き方を記したノウハウ書を読んだこともありません。ただし、１つだけやっていたことがあります。

「こんな文章が書けるようになったらいいなぁ」と感じた週刊誌を、25年以上、ずっと読み続けてきたことです。

朝日新聞出版の総合週刊誌『ＡＥＲＡ』です。――

自分で書いた文章をオープンにすること、それから、文章を読むこと。

一朝一夕にはいかないが、それを継続していけば、確実に文章力はつく。

Q7 どうしても自分で書けない場合は、ライターに頼んでもいいですか？

A7

もちろん、それはありだ。

文章を書くことが得意で、書きたいという方は自身で書くのがいいと思うが、文章を書くことはどうも苦手、話すことはできるけど、いざパソコンの前に座って文章を書こうとすると手が止まってしまう、頭を抱えて、時間的にも労力的にも本業に支障を来してしまうという方は外部の力を借りた方がいい。

数時間のインタビューをして、代わりに文章を書き、一冊の本にしてくれるという人たちが存在する。

あくまで、そのコンテンツは著者本人が提供したもので、それを文字にしてくれるのがブックライターという人たちだ。「社長通信」に関しても、自分が本業に集中するために外部のライターに頼むのもいいだろう。

ただ、気をつけなければならないのは、単にきれいな文章が書けるというライターに依頼してしまうと、あなたらしさが出ない文章になってしまう。そこは本当に気をつけていただきたいのだが、私がそう強く思うようになったのはこんな出来事があったからだ。ちなみに、実話だ。

「社長通信」の作成代行のサポートを10年継続して受けてくださっているY社長に取材をさせていただき、そこでとても貴重なお話をお聞きすることができた。

「文章を書くライターという人が世の中にたくさんいる中で、どうして10年もずっと私にご依頼いただけているのですか？」

と、私から質問をさせていただいた。

すると、

「実は、蒲池さんに言っていなかったのですが、5年前にライターの人にお願いしたことがあったんです。結局3回やってもらったんですけど、全然ダメだったんです……」

と、Y社長が話してくれた。

詳しく聞くと、Y社長は5年前に雑誌のライターの方とお仕事をする機会があり、その方から「他で文章を作ることがあれば、お手伝いしますよ」と言われたそうだ。そこで、試しにやってもらったとのこと。

私とそのライターの方を比較できるように、毎月、私との電話インタビューが終わった後、全く同じ話をライターの人にも電話でして、そして、「社長通信」を書いてもらったとのこと。

結果、同じ話をしたのにもかかわらず、私が作るものとは全く違うものがあがってきたという。ライターの方が作ったそれは、文章としてはきれいだけど、「社長通信」の人柄を出す趣旨からは外れてしまっていて、ライターの方にそのことを何度も伝えたけれど、全然ダメだったと。そして、これは蒲池さんにしかできない仕事なんだと思いましたとおっしゃってくださった。

さらに、蒲池さんは私の言葉で書いてくれる、蒲池さんのように相手が憑依したように書くことができる人はなかなかいません、とも。

本当に、ありがたいお言葉だった。

Q8 手書きの方が効果はありますか？

A8

きれいに、適切な大きさ、適切な行間などで書けるのであれば素敵な「通信」になりそうだが、ワードなどで作成したものよりも効果があるかというと、それは疑問だ。

お客様へのお礼のハガキなどは手書きであることが必須だが、「社長通信」に関して言えば、手書きかどうかよりも、どんなことを書いて発信するかの方がその効果に影響がある。

また、「社長通信」は継続することが大事であり、毎月書き続けるということを考えたときに、どちらの方が継続しやすいだろうか。

私自身は、例えば、「社長通信」のメインコラム・840字程度を書くときは、いったん1000~1200字程度の文章を書き、そこから優先度の低い部分を削ぎ落としながらまとめていく作業をする。文章の前後を入れ替えることもあるし、一度消したものをもう一度戻すこともある。この一連の作業を全て手書きでやっていたら、膨大な時間がかかってしまう。

もちろん、パソコンが苦手な方は手書きでもかまわないが、どちらにしても、前述の通り、文字数と文字の大きさなどの基本ルールは守ってもらいたい。

Q9 売り込みNGなので、商品・サービスのことは書いちゃいけないんですよね？

A9

これはよく勘違いされるところだが、売り込みをしないのと、商品・サービスのことを書かないのとは違う。

私が「社長通信」ではNGと伝えている売り込みは、チラシやDMのように、ただ単に「買ってください！　安いですよ！　キャンペーンですよ！」とアピールすることだ。

ただ、読者であるお客様が、あなたがどんなことを解決してくれる人なのか、何をしてくれる人なのかを理解するためには、商品・サービス関連のことも書いていく必要がある。

開発ストーリーや誕生秘話、お客様の課題を解決した事例、お客様からの感謝の言葉などは、積極的に書いてほしい。

Q10 「社長通信」は、いつまで続けたらいいですか？

A10

結論から言うと、ずっとだ。

私も、引退するまでずっと続けるつもりだ。なぜなら、これが商売を続けるための生命線になっているからだ。

２００８年2月4日に27歳で独立。そこからかれこれ17年が経過しているが、この間にリーマン・ショック、東日本大震災、そしてコロナ禍と、いわゆる「１００年に一度の危機」が数年おきに発生。

しかも、その危機は発生して一瞬で終わるものではなく、何日も何ヶ月も何年にもわたって影響を及ぼし続ける。

この17年間を振り返ってみても、結局のところ、事業をしていく上で全てが安泰で心が安らぐ時期なんてものはほぼなく、常に大なり小なり何かしらの事態が起きていて、それらとどううまく付き合っていくのか、その中でどう生き抜いていくのかを考え、行動していくということをずっと繰り返してきた。

吹けば飛ぶような会社ではあるが、恩師や諸先輩方、また、私を選んでくださるお客様や応援してくださっている全ての方々の支えのおかげで、吹き飛ばずに存続できている。ずっと継続してきた「蒲池通信」に救われたことも、何度もあった。

私の周りの大成功している社長たちからは、「社長通信」やニュースレター、メルマガ等、お客様への継続的な情報発信が「うちの会社の生命線になっている」とよく聞く。

私の恩師も、会社としての通信を冊子で毎月送り続けており、それが生命線であると聞いたことがあるし、出版の師匠であるエリエス・ブック・コンサルティングの土井英司さんからも、ずっと出しているメルマガが生命線になっていると直接教えていただいた。

「社長通信」は、会社が続く限り、続けていくものなのだ。

Q11 ニュースレターの原稿を購入している人がいますが、効果はありますか？

A11

確かに、様々な業種に特化したニュースレターの原稿が販売されており、そのニュースレターの発行元のところだけ、自社の名前を入れればそれで完成となる。

ちなみに、私の会社では「社長通信」の原稿を売っていない。

クライアントである社長にインタビューをし、社長からネタを引き出し、その社長の言葉でオリジナルの「社長通信」を作成している。だからこそ、社長の色が出るし、読んだ人に、まるでその社長と会っているような気持ちになってもらえる。

出来合いの原稿を買ってしまうと、社長の人柄も伝わらず、効果はかなり限定されたものになると思われる。

「社長通信」は社長の人柄で差別化ができる。だから、出来合いの原稿は買わず、自分でオリジナルのものを書く、もしくは意図がわかっているインタビューライターに依頼をして、あなたオリジナルのものを出すことがとても大事だ。

Q12 自分のことをオープンにするのは恥ずかしいのですが……

A12

自分のことを書くのが恥ずかしい、その気持ちはすごくよくわかる。

私自身も初めて「蒲池通信」を出すとき、自分のことを書く気恥ずかしさがあったし、そこまで自分のことをオープンにできていなかった。

今では、何の抵抗もない。オープンにした方がメリットが大きいこともわかっているから、例えば、私はぎっくり腰によくなるのだが、なってしまった瞬間、頭の中で「これはネタになる！」と前向きに捉えてしまっているほどだ。

もちろん、自宅の住所や子どもの名前、子どもが通う学校といった情報などはオープンにする必要はない。

あなた自身のことを「社長通信」に書くと、それだけで差別化になる。

あなた自身のことは完全にあなたのオリジナルコンテンツであり、他の人が真似できるものではないのだ。

その内容が読者の共感を得られるようなものだと、より関係を強化することができる。読者の方と直接お会いしたり、お電話でお話ししたりするときに、話題が広がるのも、あなたがオープンにした話題がきっかけとなる。

あなたが家族のことを伝えれば、相手も家族のことを教えてくれる。あなたが学生時代にやっていた部活のことを伝えれば、相手も学生時代にやっていた部活のことを教えてくれる。あなたが趣味のことを伝えれば、相手も趣味のことを教えてくれるし、あなたが、自分の失敗談を伝えれば、相手も失敗談を教えてくれる。自己開示の返報性というものがあり、自分がオープンにした分だけ、相手もオープンにしてくれて、お互いを深く知ることになり、関係がより強化される。

あなたは血が通った人間なのだから、人間らしいところを打ち出すことが大事であり、それによって、多くの読者があなたに愛着がわき、そして、ファンになってくれる。

Q13 継続するためのコツはありますか？

A13

2024年10月、私は「蒲池通信」第200号を発行した。毎月1回の発行を200ヶ月継続してきたのだ。

継続するコツは、①無理をしない、②できるだけ早く反応を得る、③もったいないという自分を作る、の3つだ。

❶ 無理をしない

ダイエット、筋トレ、早起きなど、継続しようと思ったときに無理をすると、ほぼ100％挫折する。最初は気合が入っているためなんとかなるかもしれないが、しばらくして、体調がどうも優れない、ちょっと疲れている、ちょっと仕事が忙しい、気が乗らないなどとなったときに、無理な取り組みは簡単に崩れてしまう。

だから、「社長通信」を発行する上でも、無理をしてはいけない。

例えば、A4一枚で十分に効果があるにもかかわらず、せっかくだからと数枚にも及ぶ、ちょっとした冊子のような通信を無理して作成してしまうと、一気に継続が難しくなってしまう。

❷できるだけ早く反応を得る

私は独立してから200ヶ月継続発行しており、継続を断念してしまいそうになったことは一度もない。ただ、独立する前の営業マン時代、2006年5月に自分で勝手に「蒲池通信」を発行するようになってから、3ヶ月目にして一度、挫折しそうになった。

このときの出来事は第3章で既に書いているが、ある一人の読者から「蒲池さん、いつもありがとうございます」と言っていただけたおかげで、つまり、成果ではなく反応を得られたおかげで、私は「一人でも読んでくださる方がいる限り、これはずっと続けよう」と心に決めることができた。

もし、あのタイミングで「読んでますよ」「いつもありがとう」といった反応を得ることができていなければ、「蒲池通信」は終了し、私がこの「通信」を事業にすることもなく、この本が誕生することもなかっただろう。

継続ということを考えると、成果よりも反応、それもできるだけ早く反応を得ることが大事である。

❸もったいないという自分を作る

かつて私は、独立してから1000日間、ブログを継続したことがある。

1000日ぴったりでブログは終了する道を選んだのだが、ある程度継続をしてくると、途中で、今日はやめようかな、しんどいな、となったときに、自分の中で、むくっと、いやいや、ここまで続けてきたのだから、ここでやめてしまうのはもったいないという思いが育っているのだ。

これは「社長通信」でも同じで、最初の数ヶ月は特にしんどいかもしれない。そして、数ヶ月ではまだ、自分の中にここでやめたらもったいないというもう一人の自分は育っていない。ただ、これを1年、3年、5年と継続していくにつれ、ここまで続けてきたのだから、ここでやめるのはもったいないという自分が育っている。

そして、ここからさらに続けて10年が近づいてくると、ここでやめるのはもったいないというレベルからもう一段上がり、そもそも、書くのが大変だという気持ちすら起きなくなる。完全な習慣になっているわけだ。そして、書かないということに気持ち悪ささえ覚え、そんなのはありえないとなる。ここまで来ると、もう継続をストップする方が難しいくらいだ。

様々なことの継続のコツとして、この3つを意識してもらいたい。

Q14 「社長通信」を、社内報のような感じで社内向けに出すのはありですか？

A14 「社長通信」を社内向けに発行するのは、ありだ。社内報のような感じで活用できる。

中部地方で医療関係の事業をされている2代目の社長から、こんなお話を聞いた。

「35歳で社長になって、今45歳なんですけど、僕の仕事って何が一番大切なのかって考えたときに、一本筋が通ったことを皆に一律に伝えることだと思ったんです。昔、うちの親父が、それこそ給料日に、1ヶ月に1回手紙を書いていたんですね。A4一枚で、それを給料袋に折り込んで、もう何十年やってたんだろなぁ。ワープロが出はじめた時代ですから、もう30年とか40年とか、ずっとやっていたんですよね。もともと新聞記者になりたいと言っていたので、親父は文章がうまいんです。それで、皆読んでいて、皆の根幹というか芯ができて、それぞれのアイデンティティーができて、うちの古株の社員たちは皆そういう思想ができている。ただ、僕は、どっちかと言うと、皆と対話をしながらとか、飲みながらのタイプなので。それでしばらくは良かったんですけど、今は人数も営業所も増えてきて、本社だけにいるわけでもなくて、もうなんかお飾りみたいになってきちゃったんです。だから、僕も親父みたいに手紙を書きたいと思ったんです」

こういったご相談をいただき、実際に社長の想いを文字化して「社長通信」を作るお手伝いをさせていただいたところ、すぐ、社員さんたちから良い反応があったと教えてくださった。

全社員に対して伝えたいことがあるけれども、なかなか機会がなくて、右から左に聞き流されるのも嫌だなぁと思われているのであれば、社内向けの「社長通信」を作ることはとても有効だ。

Q15 私はもう営業の現場に出ていないので、営業の責任者に書かせてもいいですか？

A15

「通信」の著者が営業の責任者の方でも、もちろん効果はある。

ある会社では、社長が「社長通信」を出し、営業部が「営業部通信」を出している。つまり、会社として2種類の通信を出していることになる。「社長通信」は社長一人が担当して取引先を含め広くお送りする、「営業部通信」は5人の営業担当者が持ち回りで担当して顧客に対してお送りしている。

別の会社では、営業の現場に出ていない社長は最初から登場せず、営業の現場に出ている責任者2人が交互に担当するという形を取られているところもある。

また、ある税理士事務所は、所長は年始の1回だけ登場し、残り11ヶ月は社員さんで回していたこともあるが、どのケースでも営業にプラスの効果が出ている。

営業の現場は完全に社員に任せており、自身は一切現場に出ていないということであれば、「通信」を営業の責任者に任せる方が営業的には効果があるが、小さな会社にとっての広告塔は、やはり社長だ。

社長がまったく登場しないよりは、最低でも年に1回は登場する形にされることをおすすめする。

第5章
ネタ切れ防止！「社長通信」に書くネタ113

17年間、5700超の「社長通信」を作る中で一度もネタ切れしたことがないワケ

・書くネタが〝ない〟のではなく、思い出せ〝ない〟だけ

私はこれまで17年間で5700を超えるオリジナルの社長通信を作成代行してきたが、一度も、「ネタがなくて書けません」と穴を空けたことはない。お客様から「今月はネタがなくて……」と言われることは日常茶飯事であるが、必ずそこからネタを引き出している。ネタがないのではなく、ただ単に思い出せないだけというケースが多いのだ。毎日生活し、仕事をしている中でネタがないということはありえない。人が生きているかぎり、絶対にネタはあると確信している。

実際のインタビューでは、「最近、お休みのときにどこか出かけられませんでしたか?」とか、仕事関連のことで、「最近、お客様からいただいたお声とか、ありますか?」もし

くは、「今、会社として取り組まれていることとかありますか？」などと質問をしていく。

それでもないのであれば、例えば、3月であれば卒業とからめて、「何か卒業したいこと、なんとか卒業できたこととかありますか？」と、夏場であれば「記憶に残っている夏の思い出とかありますか？」と、もしくは12月号なのであれば、「今年1年を振り返ってみてというのもありですがどうですか？」と、いろんな角度から聞いていく。

「他のお客さんは、こんなお話をされていましたよ」と、いろいろな角度から投げかけをすると、それが呼び水となって、「あっ！　そういえば……」と思い出していただけることも多い。


では、思い出すためにはどうすればいいか。まず忘れないために、心が動いたことをメモしておくこと。そのメモを書き残しておくことが大事であるが、それもできなかった場合は、ぜひこのあとに紹介する書くネタ113を見てもらいたい。これらにざっと目を通してもらえば、「あっ！　こんなネタならある！」と思い出してもらえるはずである。

・ネタになるのに、ネタにならない〝ない〟と思い込んでしまっているケースも多々

また、「これはネタにならないと思うんですよね」と、思い込んでしまうケースもある。自分にとっての当たり前が、他人にとっての当たり前ではなく、自分にとっては当たり前の出来事でも、他人にとっては面白い出来事であることは多々ある。

「社長通信」に書くネタのレベルが、毎回、逆転サヨナラ満塁ホームラン級であることは基本的にない。日常的には、誰もがびっくりするような大事件は、まず、起きない。そんなのは奇跡だ。

日々の生活の中でちょっと感動したこと、ちょっと嬉しかったことを丁寧に拾って、それをネタにするのである。

自分で勝手にハードルを上げる必要はない。

初公開！　絶対にネタ切れしない「社長通信」に書くネタ113

ここからは、私がこれまで実際に書いた「社長通信」のネタ、切り口を紹介する。

【自己紹介編】

①会社を立ち上げた経緯
②社長になった経緯（後継社長）
③願望（事業を通じて成し遂げたいこと、想い）
④経営危機からのV字回復エピソード
⑤会社の柱となる商品（サービス）の誕生物語
⑥大事にしている言葉
⑦学生時代のエピソード（部活、受験、アルバイト、貧乏旅行等）

【プライベート編】
①引かれない程度の病気・ケガ（ぎっくり腰等）
②とんだ災難、トホホエピソード（新幹線が立ち往生、ネット通販で詐欺被害等）
③健康のためにしていること（通勤は自転車、歯医者で定期検診等）
④個人的な目標の宣言（ダイエットやフルマラソン完走等）
⑤目標達成秘話（10kgの減量に成功したワケ、500円玉貯金箱が満タンになった等）
⑥仕事以外でがんばっていること（バンド活動や乗馬、競技ダンス等）
⑦久しぶりに会った友人知人の変化から学ぶこと
⑧一大チャレンジ（富士登山等。チャレンジする前と後の2回に分けて書ける）
⑨趣味やハマっていること（キャンプやYouTube、料理等）
⑩旅行エピソード
⑪感動接客・サービスエピソード
⑫今話題の○○をやってみました（食べてみた、買ってみた、行ってみたレポート）

【家族編】

①家族の一大イベント（結婚、子どもの誕生、子どもの受験等）
②子育てエピソード（子どもが読書好きに育った理由、子どもといっしょにAIを使ってみた話等）
③息子、娘の姿から学んだこと
④我が家のちょっと変わったところ（テレビがありません、家族で朝礼をしています等）
⑤ペットの話（保護犬を飼うことになった話や海水魚を自宅で飼っている話等）

【社員紹介編】

①社員紹介（他己紹介のような感じで1回につき1人紹介する）
②新入社員の紹介（そのタイミングで入社した社員をまとめて紹介）
③社員の成長（社員の大きな成長を実感したエピソードの紹介）
④お客様から社員が褒められたこと（お褒めの言葉をいただいたエピソードを社員の実名入りで紹介）

【会社の取り組み編】

①新商品、新サービスの開発エピソード
②環境整備（3S、5S）
③健康経営関連（禁煙手当や社内にトレーニングジム導入等）
④DX認定制度関連（デジタル化やAIを使った取り組み等）
⑤M&A
⑥変わった会議（社員の夢を叶えるドリカム会議等）
⑦新年会、忘年会のちょっと変わった取り組み（幹部が社員を楽しませる等）
⑧経営計画発表会
⑨資格取得制度（会社に宅建の先生に来てもらっている等）
⑩新たな組織制度の導入（ティール組織等）
⑪社員旅行（行き先の決め方から現地でのエピソード）
⑫変わった朝礼
⑬クリスマスイベント（夜、サンタに仮装して社員さんの家に行き、子どもたちにプレゼントを手渡しする等）

⑭取引先や社員の家族も呼んでのバーベキュー
⑮入社式で必ず伝えている大切な話（内定式で伝えている話も）
⑯採用（離職率を下げるために採用時にしている工夫等）
⑰社員教育
⑱BCP（防災、減災のために取り組んでいること等）
⑲お客様向けイベント（感謝祭等、実施前の告知と実施後のお礼の2回に分ける）
⑳社名変更エピソード
㉑事務所移転・新設エピソード
㉒セミナーや企業視察、海外視察で学んだこと
㉓HPリニューアル
㉔会社のロゴ変更
㉕外国人の採用エピソード
㉖雇用している外国人従業員の一時帰国制度
㉗社会貢献活動（海岸清掃や下草刈り）
㉘SDGs関連

㉙新しい機械設備の導入
㉚名刺の大幅リニューアル
㉛展示会出展エピソード（出展前の告知と出展後のお礼の2回に分ける）
㉜海外の取引先と現地で打ち合わせ（現地での食事含めたエピソード）
㉝経営理念や行動指針（それを作った背景や社内への浸透方法）
㉞新しい認定制度にチャレンジ（ドローン認定等）
㉟自社工場の見学制度
㊱自社朝礼の見学制度
㊲ちょっと変わった評価制度

【お客様の声編】

①お客様の声（基本的に喜び・お褒めの声）
②お客様からいただいたお手紙
③お客様事例（こんなご相談をいただき、こう解決しました）
④お客様の声インタビュー（なぜ他社ではなく、自社を選んでくれたのか）

⑤お客様からのご指摘（こう改善しましたまでがセット）
⑥お客様からのご質問とその回答
⑦忘れられないお客様（このお客様のおかげで今がある）

【季節に合わせたテーマ編】

①〈1月〉今年の抱負
②〈1月〉年賀状エピソード
③〈1月〉お正月に毎年必ずやること（初日の出を拝む等）
④〈12月～2月〉冬エピソード（スキーをやっていたことや北海道の思い出等）
⑤〈3月〉卒業（卒業したこと、卒業したいこと）
⑥〈3月〉花粉症エピソード
⑦〈3月～4月〉出会いと別れエピソード（この人と出会ったおかげで今の自分がある）
⑧〈4月〉新入社員時代のエピソード
⑨〈4月〉始めたこと、始めたいこと
⑩〈5月〉母の日。母との思い出

⑪〈6月〉父の日。父との思い出
⑫〈7月～8月〉夏エピソード（海で山で川での忘れられない出来事）
⑬〈9月～11月〉読書の秋（読書のこだわりやおすすめの本、読書エピソード）
⑭〈9月～11月〉食欲の秋（料理や食事エピソード）
⑮〈9月～11月〉芸術の秋（おすすめ映画の紹介や映画館エピソード）
⑯〈9月～11月〉スポーツの秋（やる派、見る派、スポーツエピソード）
⑰〈12月〉大掃除（断捨離やどうしても捨てられないものエピソード）
⑱〈12月〉１年間のお礼
⑲〈12月〉今年の漢字（自分自身の1年を表した漢字）
⑳〈12月〉今年のベスト３（買って良かったもの、面白かった本、面白かった映画等）
㉑〈12月〉個人的なニュースベスト３（仕事でもプライベートでも）

【プロの立場から伝えたいこと編】

①注意喚起（こんな悪徳訪問販売業者が増えています等）
②補助金・助成金制度のお知らせ

③新しい法律施行のお知らせ
④アドバイス（台風対策や相続対策、お墓購入のタイミング等）

【〇周年です編】
①創業〇周年のご挨拶
②自分が社長になって〇周年です
③「社長通信」をスタートして〇周年です

【ＰＲできること編】
①実績（相談会での相談件数実績や販売実績等）
②受賞（グッドデザイン賞や業界ならではの賞）
③認定（健康経営優良法人やＤＸ認定等）
④マスコミ掲載（テレビ、新聞、雑誌、書籍等）
⑤名の知れたところの仕事（東京オリンピックのモニュメントの仕事をやりました等）

【仕事のこだわり編】

①個人としての仕事のこだわり（スケジュール管理や仕事の進め方等）
②チームとしての仕事のこだわり（心理的安全性を重視する、お客様情報の共有等）

【その他】

①値上げ検討中の話（複数回にわたって書くことでスムーズな値上げに繋がる）
②「社長通信」第1号を出した反響を第2号で書く
③会社の近所のお店紹介
④時代の流れを感じたエピソード（働き手不足やAIの台頭を身近に感じたこと等）
⑤あまり知られていない便利グッズやサービス（コロナ禍前のZoom等）
⑥あまり知られていない上達法（ネイティブの英会話教室より非ネイティブのオンライン英会話等）

おわりに　「10年偉大なり、20年畏《おそ》るべし、30年歴史になる」

２０２４年9月18日16時、私は北九州市にある日本三大カルストのひとつ、平尾台の砂利道をスーツに革靴姿で歩いていた。約10年ぶりに再会したある社長と２人で。

一面に広がる草原。その日は天気が良く、夕方ではあったが日差しも強く、まだ夏の暑さが残っていた。私たちは歩きながら日陰を探し、ちょうどいい場所を見つけた。白く塗装された木製のテーブル、そして、２つの小さなベンチがあり、上着を脱いでそこに腰掛け、私は黒い革の鞄からＩＣレコーダーとノートとペンを取り出した。

なぜ私はその社長と平尾台にいたのか。

それは、今あなたが手にしているこの本の出版がきっかけだ。これから原稿を書いていくという段階で、私はどうしてもこの社長からお話を伺いたいと思ったのだ。

おわりに

その社長とは、北九州市小倉南区で不動産業を営む、加来《かく》不動産株式会社の加来寛社長だ。

加来社長と私が初めて出会ったのは、今から約20年前のこと。2003年に新卒で経営コンサルティング会社の船井総合研究所に入社し、2年目に私の一番最初のクライアントになってくださったのが、こちらの加来社長だった。私は当時24歳。加来社長も当時まだ20代であった。

その船井総研時代に私がコンサルタントとして加来社長にご提案させていただいたことのひとつが、加来社長が発行するアナログの「加来新聞」だった。まさに今、私が本業としている「社長通信」の起源がここにある。

加来社長にこういうフォーマットで、こういう内容で書いてお客様に出しましょうとご提案し、そして、2004年11月5日に、「加来新聞」の第1号が発行された。

私は、その2年後に船井総研を辞め転職、2008年に独立したのだが、あのとき発行された「加来新聞」は、その後「いなほ」と名称を変え、ずっと継続されていた。

船井総研を辞めてからも加来社長とのご縁は続いており、そのアナログ媒体である「いなほ（旧　加来新聞）」も私のところにお送りくださっていた。そして、20年たった今でも継続発行されている。私の「蒲池通信」よりも長く継続されているのだ。

私はこの本の出版が決まったとき、20年も継続されている加来社長にいろいろとお話を聞いてみたいと思い、２０２４年9月18日、新大阪駅から小倉駅に新幹線で向かった。

小倉駅まで車で迎えに来てくださった加来社長。約10年ぶりの再会である。予定では加来社長の事務所でインタビューをさせていただくことになっていたのだが、天気が良かったこともあり、加来社長から「蒲池さん、よかったら山に行きましょうか？　いい場所があるんです」とご提案を受け、そして、平尾台に連れていっていただいたのだ。

思い起こせば約20年前、船井総研のコンサルタントとして加来社長のところにお伺いしたとき、当時の加来社長は海が好きで、いつもは事務所でのコンサルティングであったが、たまには場所を変えてということで、浜辺まで車を走らせ海を見ながらコンサルティングを行ったこともあった。そんな加来社長は今、山が好きで平尾台によく行かれるとのことで、今度は場所を海から山へと変え、インタビューをさせていただくことになった。

もちろん、加来社長のお話を聞くだけなので、オンラインでインタビューをすることもできたかもしれないが、私は会って話が聞きたかった。

だから新幹線に乗って訪問し、約10年ぶりに再会。そして、平尾台に連れていっていただいたことで、雄大な景色が広がる澄み切った空気の中で、心静かにインタビューをさせていただくことができた。

きっとそのおかげもあったと思う。加来社長には1時間ほどインタビューをさせていただいたのだが、最後の最後の最後に、「そういえば、こんなこともありました」と思い出され、とても貴重なお話をお伺いすることができたのだ。

まず、紙の良さはその現物が〝のこる〟ということであり、ファイリングしてくれたりする人もいる。そして、ある日、知らない男性の方から会社に電話が掛かってきたとのこと。

その電話をくれた方というのは、「いなほ」の読者の方の息子さんであった。

実はある日、読者である一人の方がお亡くなりになられた。親が亡くなると遺品整理をしなければならないが、息子さんが遺品整理をしていたところ、加来不動産と名前の入った紙媒体の「いなほ」がたくさん出てきたそうなのだ。

息子さんは親の不動産についてもどうにかしなければと考えていた中、親御さんがとっておいてくれた「いなほ」を見て、不動産と書いてあると、また、捨てずにたくさんとっておいてあるということは、この加来不動産とは交流があったのだろうと思い、電話を掛けてきてくれたそうなのだ。そして、その不動産のお仕事をお受けすることになった。

私はこの話を聞いて、これがアナログの良さの究極の形だと思った。

紙だからこそのこる。残るではなく、遺る。後世に伝わる。読者の方が亡くなられてしまってなお、読者の方との関係性は遺り、そして、生きるのだ。ＳＮＳではこうはいかない。


もちろん、加来社長は20年も継続しているからこそではあるが、この続けているということについて、加来社長は、社歴もひとつの財産ではあるが、続けているものがあるというのもひとつの大きな柱になると、10年、20年と続けていると、それだけで圧倒的な信用力になるとおっしゃっていた。そして、こんな言葉を私に教えてくれた。

おわりに

「10年偉大なり、20年畏《おそ》るべし、30年歴史になる」

加来社長はこれからもずっと続けていくとおっしゃっていた。やめる理由もない。なにより、もし、やめると言ったら、スタッフがそれに反対すると思うと。

私自身もこれからも「蒲池通信」を継続していく。２０２６年4月号の発行で、20年畏るべしに到達する。歴史になる30年まであと10年ちょっとだ。

「社長通信」を始められたあなたにも、今後も雨後の筍のごとく現れるであろう、新しいＳＮＳツールに惑わされることなく、ずっと継続していってもらいたい。

まずは、10年偉大なりを目指して。

２０２５年3月

蒲池　崇

著者紹介

蒲池崇（かまち・たかし）

社長通信で売り上げアップ株式会社　代表取締役
社長通信コンサルタント・社長専門インタビューライター
大学卒業後、船井総合研究所にＡランク人材として入社。在職中、継続的な情報発信が評価され表彰を受ける。2008年２月に独立。「中小企業は社長の人柄で差別化できる」を信条に、社長の人となりを紙面にして伝え、お客様から選ばれる存在になるメソッドを確立。
社長通信で新規案件４倍、顧客単価6.6倍等の成果をクライアントにもたらす。現在のクライアントは補聴器販売店から化学薬品メーカーまで多岐にわたり、これまで17年間で作成代行してきた社長通信（個人通信）は5,700超。社長通信に書くネタを短時間で確実に引き出すインタビュー力に特に定評があり、毎月多くの社長通信を作り続けている。

SNSが苦手《にがて》な社長《しゃちょう》のための必勝営業術《ひっしょうえいぎょうじゅつ》　〈検印省略〉

2025年　4　月　24　日　第　1　刷発行

著　者――蒲池 崇（かまち・たかし）
発行者――田賀井 弘毅

発行所――株式会社あさ出版
〒171-0022　東京都豊島区南池袋 2-9-9 第一池袋ホワイトビル 6F
電　話　03 (3983) 3225（販売）
　　　　03 (3983) 3227（編集）
F A X　03 (3983) 3226
U R L　http://www.asa21.com/
E-mail　info@asa21.com
印刷・製本　萩原印刷（株）

note　http://note.com/asapublishing/
facebook　http://www.facebook.com/asapublishing
X　https://x.com/asapublishing

ISBN978-4-86667-744-6 C2034